CW01660740

THE DEVI M

(In Original)

With a Lucid Running Translation

(In English)

By

Sri Swami Sivananda

देवीमाहात्म्यम्

(श्री दुर्गासप्तशती)

(मूलभागपाठविधिसहित)

Published by

THE DIVINE LIFE SOCIETY

P.O. SHIVANANDANAGAR—249 192

Distt. Tehri-Garhwal, Uttarakhand, Himalayas, India

www.sivanandaonline.org, www.dlshq.org

First Edition: 1957
Seventh Edition: 2021
Eighth Edition: 2024
(500 Copies)

ISBN 81-7052-103-3
ES 30

PRICE: ₹ 165/-

Published by Swami Advaitananda for
The Divine Life Society, Shivanandanagar, and printed by him
at the Yoga-Vedanta Forest Academy Press,
P.O. Shivanandanagar, Distt. Tehri-Garhwal, Uttarakhand,
Himalayas, India
For online orders and Catalogue visit : dlsbooks.org

Sri Swami Sivananda

GENERAL RULES FOR READING SRI SRI CHANDI

In the morning after taking bath and finishing one's daily Puja (Sandhya etc.), one should sit on a clean and pure Asana (seat) facing North or East with mind concentrated and full of Bhakti (devotion). Sri Sri Chandi should be read with firm faith, devotion and correct pronunciation. During the time of reading, one should not talk, think, sleep, sneeze, yawn or spit, but read with full concentration on Devi in the form which appeals to him. He should not stop in the middle of a chapter and the book should be placed on a stand, preferably a copper plate. At the beginning and end of each chapter bells are to be rung. Before reading, it is necessary to do the Sankalpa and Sri Devi Puja. Tuesday, Friday and Saturday are specially auspicious in a week for the reading of Sri Sri Chandi. Devi Tithis are Ashtami, Navami and Chaturdasi. The reading should be in the following order:—

1. Devi Suktam, 2. Kavacham, 3. Argala Stotra, 4. Keelakam, 5. Ratri Suktam, 6. Devi Mahatmya, 7. Phala Sruti and 8. Kshama Prarthana.

Sri Sri Chandi is divided into three parts:—

1. Prathama (first), 2. Madhyama (middle) and 3. Uttara (final).

The first chapter contains the glory of Maha Kaali, the 2nd, 3rd and the 4th chapters glorify Sri Maha Lakshmi, and the last nine chapters from the 5th to the 13th, glorify Sri Maha Sarasvati. He who reads Sri Sri Chandi with faith and devotion attains health, wealth, long life and salvation.

1. Devi Suktam (According to Rig Veda)

The 8 Slokas composed by Vak, the daughter of Maharshi Ambharin, are from the Rig Veda, 10th Mandala, 10th Anuvaka, 125th Sukta. These Slokas express the truth realised by Vak, who identifies herself as Brahma Sakti, and expresses herself as 11 Rudras, 8 Vasus, 12 Adityas and all the Devas—Indra, Agni and Asvini Kumaras—who are sustained by Her and She is the source, substratum and support of the whole world. She is verily Brahmasvarupini.

2. Devi Kavacham

The Devi Kavacham consisting of 61 Slokas is in Markandeya Puranam. This Kavacham (armour) protects the reader in all parts of his body, in all places and in all difficulties. Every part of the body is mentioned and Devi, in all different forms, is being worshipped. Further, Devi, in different names, is prayed to for happiness, wealth, health, power and prosperity.

3. Argala Stotra

Here Rishi Markandeya is telling his disciples in 27 inspiring couplets on the greatness of Devi. She has been described in all aspects and names and at the end of each Sloka, prayer is offered to Devi for material prosperity, physical fitness, fame and victory.

4. Keelakam

Here also Rishi Markandeya tells his disciples in 16 Slokas the ways and means of removing obstacles faced by devotees while reading Devi Mahatmya. Reading of Keelakam brings blessings of Devi and spiritual harmony and peace of mind and success in all pursuits.

5. Ratri Suktam

Ratri Suktam (8 Slokas) has been taken from Rig Veda, 10th Mandala, 10th Anuvaka, 127th Sukta, which shows that Devi was worshipped from time immemorial. Devi is described as the all-pervading Supreme Lord of the Universe appearing in Omkara. Ratri means She who fulfils our prayers.

INTRODUCTION

The Devi Mahatmya or the Durga Saptasati is a unique book in this world. It is the base and the root of the religion of the Saktas. It is a Kamadhenu for one and all; it gives whatever man wants. It gives Bhakti in this world and Mukti afterwards. It is a powerful reservoir of Mantras from the beginning to the end. Every verse of this text is a dynamic force which acts powerfully in overhauling the nature of man.

The first verse of the text implies that the whole book is an explanation of the root of the Devi-Mantra, viz., "Hreem". There are many commentaries on this text which explain it either in a mystical way or in the ordinary manner. Whatever be the case, the Mantras of the Saptasati are not to be neglected by one who wishes to lead a good and peaceful life in this world.

The conception of the Infinite as Mother is not an altogether meaningless one. The Rigveda bears testimony to the fact that even in such ancient times, there was the persistent belief that the Ruler is the All-compassionate Mother. Further, Mother is the personality that appeals most to the human heart, not so much the Father who is considered a hard task-master. Moreover the conception of the Divinity as Devi, Durga or Sri, is not merely a theory but a practical way of life. It is a particular view which cannot be set aside. It is as important as any school of religious belief, and is one of the most important reigning branches of Hindu religion—Vaishnavism, Saivism and Saktaism. Even a subtle philosopher cannot dispense with the conception of Sakti, for he is essentially an embodiment of Power, and he has love for power. The highest Intelligence and the most speculative metaphysics is only a manifestation of Jnana-Sakti and is not outside the range of Saktaism. Let us therefore adore and worship the Glorious Mother for the purpose of attaining Wisdom or Self-realisation!

The Saptasati may be read daily so as to be completed in seven days in the following manner of division of chapters: 1, 2, 1, 4, 2, 1, 2—first; second and third; fourth; fifth, sixth, seventh and eighth; ninth and tenth; eleventh; twelfth and thirteenth. This is the traditional rule. The Saptasati may be read with any motive in the mind, and that shall be fulfilled. Read it for any purpose in life, and that you shall have. Read it for the sake of Spiritual Knowledge, and you will be blessed with it. Since Sakti is the basis for all Ichchha (Desire), Jnana (Knowledge) and Kriya (Action), man cannot fall outside the realm or the kingdom of Sakti. The whole man is but Sakti, and hence he shall have everything through worship of Sakti.

May the blessings of Devi Durga be upon you all! May She bless you all with spiritual illumination and Self-realisation!

THE INDIAN CONCEPT OF THE DIVINE MOTHER[1]

Since the dawn of civilisation, when the primitive man lived in a matriarchal society, the worship of the Divine Mother came into practice. Later on, as civilisation progressed, the matriarchal pattern gradually faded out, and the father became the head of the family unit, where he was treated as the man in authority and to whom every one looked for guidance and approval. Consequently there was a change in the concept of God as such; the Fatherhood of God was established. But Mother-worship persisted simultaneously, since this concept was psychologically more appealing to the devotee, the Mother being nearest in filial affection to the child. Subsequently, a sympathetic harmony between the Motherhood and Fatherhood of God was developed by the Hindu religion; the people worshipped Sita and Rama, or Radha and Krishna, together.

The concept of the human mind is based on relative experience. Subjective idealism, therefore, in its initial stages, takes the aid of objective and relative analogies. God is neither limited to abstract or concrete concepts. But it is easier to establish a conscious relationship with the Providence in terms of benevolent fatherhood or affectionate, kindly motherhood than by the concept of an unfathomable void. God is devoid of qualities, in reality, but a relative superimposition of the positive ideals of goodness and virtue is essential for self-culture and spiritual progress of the aspirant.

Mother is very kind to her child. You are more free with your mother than with anybody else. It is the mother who protects

1 *Navaratri Message delivered by Sri Swami Sivanandaji Maharaj in 1953.*

you, nourishes you, consoles you, cheers you and nurses you. She is your first preceptor. She sacrifices her all for the sake of her children. In the spiritual field also, the aspirant has very intimate relationship with the Divine Mother.

The Upasana or the worship of the Universal Mother leads to the attainment of the knowledge of the Self. The Yaksha Prasna in Kenopanishad supports this view. Approach Her with an open heart. Lay bare your mind with frankness and humility. Let your thoughts be pure and sublime. Become as simple as a child. Pulverise your individual entity, the egoistic nature, cunningness, selfishness and crookedness. Make a total unreserved, ungrudging self-surrender to Her. Chant Her Mantras. Worship Her with faith and unflinching devotion.

Durga Puja or Navaratri is the most suitable occasion for doing intense Sadhana. These nine days are very sacred to Mother. Plunge yourself in Her worship. It is an occasion symbolising the victory of the higher, divine forces over the lower, negative qualities that find their expression in injustice, oppression, aggrandisement, greed, selfishness, hatred and a host of other undivine forces that add to the suffering of man.

Worship the Mother in all Her manifestations. She is the creative aspect of the Absolute. She is symbolised as Cosmic Energy. Energy is the physical ultimate of all forms of matter and the sustaining force of the Spirit. Energy and Spirit are inseparable. They are essentially one. The five elements and their combinations are the external manifestations of the Mother. Intelligence, discrimination, psychic power and will are Her internal manifestations. Humanity is Her visible form. Service of humanity is, therefore, the worship of the Divine Mother.

Feel that the Mother sees through your eyes, hears through your ears, and works through your hands. Feel that the body, mind, Prana, intellect and all their functions are Her manifestations. The one, universal life throbs in the heart of all. How can there be any room for hatred and selfishness, when by hating another you are but denying your own self. Drive deep this consciousness within your heart. Always meditate and practise this ideal of divine oneness.

Mother's grace is boundless. Her mercy is illimitable. Her knowledge is infinite. Her power is immeasurable. Her glory is ineffable. Her splendour is indescribable. She gives you Bhukti (material prosperity) and Mukti (liberation) also. She is pleased with a little purity of heart. The sacred Durga Puja is approaching. Do not lose this glorious opportunity. Make a definite and sincere attempt to obtain the grace of the Mother. She will transform your entire life, and bless you with the milk of divine wisdom, spiritual insight and Kaivalya.

The Worship of the Divine Mother

Devi is synonymous with Sakti or the Divine Power that manifests, sustains and transforms the universe as the one unifying force of Existence. In fact, worship of Devi is not sectarian; it does not belong to any cult. By Devi or Sakti we mean the presupposition of all forms of existential power, the power of knowledge, of omniscience. These powers are the glorious attributes of God—you may call Him Vishnu or Siva or as you like. In other words, Sakti is the very possibility of the Absolute's appearing as many, of God's causing this universe. Sakti and Sakta are one; the Power and the one who possesses the Power cannot be separated; God and Sakti are like fire and heat of fire.

Devi-worship or Sakti-worship is therefore worship of God's glory, of God's greatness and supremacy. It is adoration of the Almighty. It is unfortunate that Devi is misunderstood as a blood-thirsty Hindu-Goddess. No, Devi is not the property of the Hindu alone. Devi does not belong to any religion. Devi is the conscious power of the Deva. Let this never be forgotten. The words Devi, Sakti etc. and the ideas of the different forms connected with these names are concessions given to the limitations of human knowledge, human comprehension. Bhagavan Sri Krishna says in the Gita, 'This is only My lower nature Sakti; beyond this is my higher nature, the Original Sakti, the life-principle which sustains this entire universe.' The Upanishad says, "The Para Sakti, the Supreme Power of this God, is heard of in various ways; this Power is the nature of God manifesting as knowledge, strength and activity." Truly speaking all beings of the universe are Sakti worshippers, for there is none who does not love and long for power in some form or other. Physicists and scientists have proved now that everything is pure imperishable energy. This energy is only a form of Divine-Sakti which exists in every form of existence.

Since Sakti cannot be worshipped in its essential nature, it is worshipped as conceived of in its manifestations viz., creation, preservation and destruction. Sakti, in relation to these three functions, is Sarasvati, Lakshmi and Kaali. These, as is evident, are not three distinct Devis, but the one formless Devi worshipped in three different forms. Durga Puja or Navaratri is the festive occasion of the 'nine-day-worship of Maha-Kaali, Maha-Lakshmi and Maha-Sarasvati', the Divinity of the Universe adored in three ways.

Sarasvati is cosmic Intelligence, cosmic Consciousness, cosmic Knowledge. Worship of Sarasvati is necessary for Buddhi-Suddhi, Viveka-Vichara-Sakti, Jnana, self-illumination. Lakshmi does not mean more material wealth like gold, cattle etc. All kinds of prosperity, glory, magnificence, joy, exaltation, greatness, come under the grace of Goddess Lakshmi. Sri Appayya Dikshitar calls even final Liberation as 'Moksha-Samrajya Lakshmi'. Hence worship of Lakshmi means the worship of Divinity, the power that dissolves multiplicity in unity. The worship of Devi is therefore the explanation of the entire process of spiritual Sadhana in all its aspects.

During Durga Puja or Navaratri observe strict Anushthana and purify your inner spiritual nature. This is the most auspicious time in the year for Mother-Worship. Read Saptasati or Devi Mahatmya and Lalita Sahasranama. Do Japa of the Mantra of Devi. Perform formal worship with purity, sincerity and absolute devotion. Cry for the Darshan of Mother Devi. The Divine Mother will bless you with the knowledge, the peace and the joy that know no end. May the Divine Mother Durga establish righteousness or Dharma in the World! May She destroy all dark hostile forces that disturb the peace of the world! May She remove all sorts of epidemics and famine from the land! May She bring supreme peace, prosperity and undying bliss to all Her children of this world! May She transmute the *Asuras* or the demons or people with diabolical tendencies into *Sattvic* men! May She annihilate the Asuric tendencies, such as lust, anger, pride, hypocrisy, etc. in human beings, which represent *Madhu Kaitabha, Mahisha*, *Sumbha* and *Nisumbha*!

May She give the milk of divine wisdom to Her children and lift them up to the magnanimous heights of divine splendour and glory, the imperishable state of *Kaivalya* and eternal sunshine!

HYMN TO THE MOTHER

या कुन्देन्दुतुषारहारधवला या शुभ्रवस्त्रावृता
या वीणावरदण्डमण्डितकरा या श्वेतपद्मासना ।
या ब्रह्माच्युतशंकरप्रभृतिभिर्देवैः सदा पूजिता
सा मां पातु सरस्वती भगवती निःशेषजाड्यापहा ।।

माता मरकतश्यामा मातङ्गी मदशालिनी ।
कटाक्षयतु कल्याणी कदम्बवनवासिनी ।।

जय मातङ्गतनये जय नीलोत्पलद्युते ।
जय सङ्गीतरसिके जय लीलाशुकप्रिये ।।

DEVI MANTRAS
(FOR JAPA)

ॐ नमश्चण्डिकायै
ॐ ऐं ह्रीं क्लीं चामुण्डायै विच्चे
ॐ श्रीदुर्गायै नमः
ॐ श्रीमहालक्ष्म्यै नमः
ॐ श्रीसरस्वत्यै नमः
ॐ दुर्गां देवीं शरणमहं प्रपद्ये
ॐ नीलां देवीं शरणमहं प्रपद्ये

अथ सप्तश्लोकी दुर्गा

शिव उवाच—

देवि त्वं भक्तसुलभे सर्वकार्यविधायिनि।
कलौ हि कार्यसिद्ध्यर्थमुपायं ब्रूहि यत्नतः॥

देव्युवाच—

शृणु देव प्रवक्ष्यामि कलौ सर्वेष्टसाधनम्।
मया तवैव स्नेहेनाप्यम्बास्तुतिः प्रकाश्यते॥

ॐ अस्य श्रीदुर्गासप्तश्लोकीस्तोत्रमन्त्रस्य नारायण ऋषिः, अनुष्टुप् छन्दः, श्रीमहाकालीमहालक्ष्मीमहासरस्वत्यो देवताः श्रीदुर्गाप्रीत्यर्थं सप्तश्लोकीदुर्गापाठे विनियोगः।

ॐ ज्ञानिनामपि चेतांसि देवी भगवती हि सा।
बलादाकृष्य मोहाय महामाया प्रयच्छति ॥१॥

दुर्गे स्मृता हरसि भीतिमशेषजन्तोः
स्वस्थैः स्मृता मतिमतीव शुभां ददासि।
दारिद्र्यदुःखभयहारिणि का त्वदन्या
सर्वोपकारकरणाय सदार्द्रचित्ता ॥२॥

सर्वमङ्गलमाङ्गल्ये शिवे सर्वार्थसाधिके।
शरण्ये त्र्यम्बके गौरि नारायणि नमोऽस्तु ते ॥३॥

शरणागतदीनार्तपरित्राणपरायणे।
सर्वस्यार्तिहरे देवि नारायणि नमोऽस्तु ते ॥४॥

सर्वस्वरूपे सर्वेशे सर्वशक्तिसमन्विते।
भयेभ्यस्त्राहि नो देवि दुर्गे देवि नमोऽस्तु ते ॥५॥

रोगानशेषानपहंसि तुष्टा
रुष्टा तु कामान् सकलानभीष्टान् ।
त्वामाश्रितानां न विपन्नराणां
त्वामाश्रिता ह्याश्रयतां प्रयान्ति ॥६॥

सर्वाबाधाप्रशमनं त्रैलोक्यस्याखिलेश्वरि।
एवमेव त्वया कार्यमस्मद्वैरिविनाशनम् ॥७॥

॥इति श्रीसप्तश्लोकी दुर्गा सम्पूर्णा॥

ऋग्वेदोक्तं देवीसूक्तम्

ॐ अहमित्यष्टर्चस्य सूक्तस्य वागाम्भृणी ऋषिः, श्री आदिशक्तिर्देवता द्वितीयाया जगती, शिष्टानां च त्रिष्टुप् छन्दः, श्रीदेवीमाहात्म्यपाठे विनियोगः।

ध्यानम्

ॐ सिंहस्था शशिशेखरा मरकतप्रख्यैश्चतुर्भिर्भुजैः
शंखं चक्रधनुःशरांश्च दधती नेत्रैस्त्रिभिः शोभिता।
आमुक्ताङ्गदहारकंकणरणत्काञ्चीरणन्नूपुरा
दुर्गा दुर्गतिहारिणी भवतु नो रत्नोल्लसत्कुण्डला॥

देवीसूक्तम्

ॐ अहं रुद्रेभिर्वसुभिश्चराम्यहमादित्यैरुत विश्वदेवैः।
अहं मित्रावरुणोभा बिभर्म्यहमिन्द्राग्नी अहमश्विनोभा ॥१॥

अहं सोममाहनसं बिभर्म्यहं त्वष्टारमुत पूषणं भगम् ।
अहं दधामि द्रविणं हविष्मते सुप्राव्ये यजमानाय सुन्वते ॥२॥

अहं राष्ट्री संगमनी वसूनां चिकितुषो प्रथमा यज्ञियानाम् ।
तां मा देवा व्यदधुः पुरुत्राभूरिस्थात्रां भूर्यावेशयन्तीम् ॥३॥

मया सो अन्नमत्ति यो विपश्यति यः प्राणिति य ईं ऋणोत्युक्तम् ।
अमन्तवो मां त उपक्षियन्ति श्रुधि श्रुत श्रद्धिवं ते वदामि ॥४॥

अहमेव स्वयमिदं वदामि जुष्टं देवेभिरुत मानुषेभिः ।
यं कामयते तं तमुग्रं कृणोमि तं ब्रह्माणं तमृषिं तं सुमेधाम् ॥५॥

अहं रुद्राय धनुरातनोमि ब्रह्मद्विषे शरवे हन्तवा उ ।
अहं जनाय समदं कृणोम्यहं द्यावापृथिवी आविवेश ॥६॥

अहं सुवे पितरमस्य मूर्द्धन् मम योनिरप्स्वन्तः समुद्रे ।
ततो वितिष्ठे भुवनानु विश्वोतामूं द्यां वर्ष्मणोपस्पृशामि ॥७॥

अहमेव वात इव प्रवाम्यारभमाणा भुवनानि विश्वा ।
परो दिवापर एना पृथिव्यैतावती महिना संबभूव ॥८॥

इति ऋग्वेदोक्तं देवीसूक्तं समाप्तम् ।

ॐ तत् सत् ॐ

अथ देव्याः कवचम्

ॐ अस्य श्रीचण्डीकवचस्य ब्रह्मा ऋषिः, अनुष्टुप् छन्दः, चामुण्डा देवता, अङ्गन्यासोक्तमातरो बीजम्, दिग्बन्धदेवतास्तत्त्वम्, श्रीजगदम्बा-प्रीत्यर्थे सप्तशतीपाठाङ्गत्वेन जपे विनियोगः।

ॐ नमश्चण्डिकायै ।।

मार्कण्डेय उवाच

ॐ यद्गुह्यं परमं लोके सर्वरक्षाकरं नृणाम् ।
यन्न कस्यचिदाख्यातं तन्मे ब्रूहि पितामह ।।१।।

ब्रह्मोवाच

अस्ति गुह्यतमं विप्र सर्वभूतोपकारकम् ।
देव्यास्तु कवचं पुण्यं तच्छृणुष्व महामुने ।।२।।

प्रथमं शैलपुत्रीति द्वितीयं ब्रह्मचारिणी।
तृतीयं चन्द्रघण्टेति कूष्माण्डेति चतुर्थकम् ।।३।।

पञ्चमं स्कन्दमातेति षष्ठं कात्यायनी तथा।
सप्तमं कालरात्रीति महागौरीति चाष्टमम् ।।४।।

नवमं सिद्धिदात्री च नवदुर्गाः प्रकीर्तिताः।
उक्तान्येतानि नामानि ब्रह्मणैव महात्मना ।।५।।

अग्निना दह्यमानास्तु शत्रुमध्यगता रणे।
विषमे दुर्गमे चैव भयार्ताः शरणं गताः ।।६।।

न तेषां जायते किंचिदशुभं रणसंकटे।
आपदं न च पश्यन्ति शोकदुःखभयंकरीम् ।।७।।

यैस्तु भक्त्या स्मृता नित्यं तेषां वृद्धिः प्रजायते।
ये त्वां स्मरन्ति देवेशि रक्षसि तान्न संशयः ॥८॥

प्रेतसंस्था तु चामुण्डा वाराही महिषासना।
ऐन्द्री गजसमारूढा वैष्णवी गरुडासना ॥९॥

नारसिंही महावीर्या शिवदूती महाबला।
माहेश्वरी वृषारूढा कौमारी शिखिवाहना ॥१०॥

लक्ष्मीः पद्मासना देवी पद्महस्ता हरिप्रिया।
श्वेतरूपधरा देवी ईश्वरी वृषवाहना ॥११॥

ब्राह्मी हंससमारूढा सर्वाभरणभूषिता।
इत्येता मातरः सर्वाः सर्वयोगसमन्विताः ॥१२॥

नानाभरणशोभाढ्या नानारत्नोपशोभिताः।
श्रेष्ठैश्च मौक्तिकैः सर्वा दिव्यहारप्रलम्बिभिः ॥१३॥

इन्द्रनीलैर्महानीलैः पद्मरागैः सुशोभनैः।
दृश्यन्ते रथमारूढा देव्यः क्रोधसमाकुलाः ॥१४॥

शंखं चक्रं गदां शक्तिं हलं च मुसलायुधम्।
खेटकं तोमरं चैव परशुं पाशमेव च ॥१५॥

कुन्तायुधं त्रिशूलं च शार्ङ्गमायुधमुत्तमम्।
दैत्यानां देहनाशाय भक्तानामभयाय च ॥१६॥

धारयन्त्यायुधानीत्थं देवानां च हिताय वै।
नमस्तेऽस्तु महारौद्रे महाघोरपराक्रमे ॥१७॥

महाबले महोत्साहे महाभयविनाशिनि।
त्राहि मां देवि दुष्प्रेक्ष्ये शत्रूणां भयवर्द्धिनी ॥१८॥

प्राच्यां रक्षतु मामैन्द्री आग्नेय्यामग्निदेवता।
दक्षिणेऽवतु वाराही नैर्ऋत्यां खड्गधारिणी ॥१९॥

प्रतीच्यां वारुणी रक्षेद्वायव्यां मृगवाहिनी।
उदीच्यां पातु कौबेरी ऐशान्यां शूलधारिणी ॥२०॥

ऊर्ध्वं ब्रह्माणि मे रक्षेदधस्ताद्वैष्णवी तथा।
एवं दश दिशो रक्षेच्चामुण्डा शववाहना ॥२१॥

जया मामग्रतः पातु विजया पातु पृष्ठतः।
अजिता वामपार्श्वे तु दक्षिणे चापराजिता ॥२२॥

शिखां मे द्योतिनी रक्षेदुमा मूर्ध्नि व्यवस्थिता।
मालाधरी ललाटे च भ्रुवौ रक्षेद्यशस्विनी ॥२३॥

नेत्रयोश्चित्रनेत्रा च यमघण्टा तु पार्श्वके।
त्रिनेत्रा च त्रिशूलेन भ्रुवोर्मध्ये च चण्डिका ॥२४॥

शंखिनी चक्षुषोर्मध्ये श्रोत्रयोर्द्वारवासिनी।
कपोलौ कालिका रक्षेत् कर्णमूले तु शंकरी ॥२५॥

नासिकायां सुगन्धा च उत्तरोष्ठे च चर्चिका।
अधरे चामृताबाला जिह्वायां च सरस्वती ॥२६॥

दन्तान् रक्षतु कौमारी कण्ठदेशे तु चण्डिका।
घण्टिकां चित्रघण्टा च महामाया च तालुके ॥२७॥

कामाक्षी चिबुकं रक्षेद् वाचं मे सर्वमङ्गला।
ग्रीवायां भद्रकाली च पृष्ठवंशे धनुर्धरी ॥२८॥

नीलग्रीवा बहिःकण्ठे नलिकां नलकूबरी।
स्कन्धयोः खड्गिनी रक्षेद् बाहू मे वज्रधारिणी ॥२९॥

हस्तयोर्दण्डिनी रक्षेदम्बिका चाङ्गुलीषु च।
नखाञ्छूलेश्वरी रक्षेत् कुक्षौ रक्षेन्नरेश्वरी ॥३०॥

स्तनौ रक्षेन्महादेवी मनःशोकविनाशिनी।
हृदये ललिता देवी उदरे शूलधारिणी ॥३१॥

नाभौ च कामिनी रक्षेद् गुह्यं गुह्येश्वरी तथा।
मेढ्रं रक्षतु दुर्गन्धा पायुं मे गुह्यवाहिनी ॥३२॥

कट्यां भगवती रक्षेदूरू मे मेघवाहना।
जङ्घे महाबला रक्षेत् जानू माधवनायिका ॥३३॥

गुल्फयोर्नारसिंही च पादपृष्ठे तु कौशिकी।
पादाङ्गुलीः श्रीधरी च तलं पातालवासिनी ॥३४॥

नखान् दंष्ट्रकराली च केशांश्चैवोर्ध्वकेशिनी।
रोमकूपेषु कौमारी त्वचं योगिश्वरी तथा ॥३५॥

रक्तमज्जावसामांसान्यस्थिमेदांसि पार्वती।
अन्त्राणि कालरात्रिश्च पित्तं च मुकुटेश्वरी ॥३६॥

पद्मावती पद्मकोशे कफे चूडामणिस्तथा।
ज्वालामुखी नखज्वालामभेद्या सर्वसन्धिषु ॥३७॥

शुक्रं ब्रह्माणी मे रक्षेच्छायां छत्रेश्वरी तथा।
अहंकारं मनो बुद्धिं रक्षेन्मे धर्मधारिणी ॥३८॥

प्राणापानौ तथा व्यानमुदानं च समानकम् ।
वज्रहस्ता च मे रक्षेत् प्राणान् कल्याणशोभना ॥३९॥

रसे रूपे च गन्धे च शब्दे स्पर्शे च योगिनी।
सत्त्वं रजस्तमश्चैव रक्षेन्नारायणी सदा ॥४०॥

आयू रक्षतु वाराही धर्मं रक्षतु पार्वती।
यशः कीर्तिं च लक्ष्मीं च सदा रक्षतु वैष्णवी ॥४१॥

गोत्रमिन्द्राणी मे रक्षेत् पशून् रक्षेच्च चण्डिका।
पुत्रान् रक्षेन्महालक्ष्मीर्भार्यां रक्षतु भैरवी ॥४२॥

धनेश्वरी धनं रक्षेत् कौमारी कन्यकां तथा।
पन्थानं सुपथा रक्षेन्मार्गं क्षेमंकरी तथा ॥४३॥

राजद्वारे महालक्ष्मीर्विजया सततं स्थिता।
रक्षाहीनं तु यत् स्थानं वर्जितं कवचेन तु ॥४४॥

तत्सर्वं रक्ष मे देवि जयन्ती पापनाशिनी।
सर्वरक्षाकरं पुण्यं कवचं सर्वदा जपेत् ॥४५॥

इदं रहस्यं विप्रर्षे भक्त्या तव मयोदितम् ।
पदमेकं न गच्छेत्तु यदीच्छेच्छुभमात्मनः ॥४६॥

कवचेनावृतो नित्यं यत्र यत्रैव गच्छति।
तत्र तत्रार्थलाभश्च विजयः सार्वकालिकः ॥४७॥

यं यं चिन्तयते कामं तं तं प्राप्नोति निश्चितम् ।
परमैश्वर्यमतुलं प्राप्स्यते भूतले पुमान् ॥४८॥

निर्भयो जायते मर्त्यः संग्रामेष्वपराजितः।
त्रैलोक्ये तु भवेत्पूज्यः कवचेनावृतः पुमान् ॥४९॥

इदं तु देव्याः कवचं देवानामपि दुर्लभम्।
यः पठेत्प्रयतो नित्यं त्रिसन्ध्यं श्रद्धयान्वितः ॥५०॥

दैवीकला भवेत्तस्य त्रैलोक्ये चापराजितः।
जीवेद्वर्षशतं साग्रमपमृत्युविवर्जितः ॥५१॥

नश्यन्ति व्याधयः सर्वे लूताविस्फोटकादयः।
स्थावरं जङ्गमं चैव कृत्रिमं चैव यद्विषम् ॥५२॥

अभिचाराणि सर्वाणि मन्त्रयन्त्राणि भूतले।
भूचराः खेचराश्चैव जलजाश्चौपदेशिकाः ॥५३॥

सहजा कुलजा माला डाकिनी शाकिनी तथा।
अन्तरिक्षचरा घोरा डाकिन्यश्च महारवाः ॥५४॥

ग्रहभूतपिशाचाश्च यक्षगन्धर्वराक्षसाः।
ब्रह्मराक्षसवेतालाः कूष्माण्डा भैरवादयः ॥५५॥

नश्यन्ति दर्शनात्तस्य कवचेनावृतो हि यः।
मानोन्नतिर्भवेद्राज्ञस्तेजोवृद्धिः परा भवेत् ॥५६॥

यशोवृद्धिर्भवेत् पुंसां कीर्तिर्वृद्धिश्च जायते।
तस्मात् जपेत् सदा भक्तः कवचं कामदं मुने ॥५७॥

जपेत् सप्तशतीं चण्डीं कृत्वा तु कवचं पुरा।
निर्विघ्नेन भवेत् सिद्धिश्चण्डीजपसमुद्भवा ॥५८॥

यावद्भूमण्डलं धत्ते सशैलवनकाननम्।
तावत्तिष्ठति मेदिन्यां सन्ततिः पुत्रपौत्रिकी ॥५९॥

देहान्ते परमं स्थानं सुरैरपि सुदुर्लभम्।
प्राप्नोति पुरुषो नित्यं महामायाप्रसादतः ॥६०॥

तत्र गच्छति गत्वासौ पुनश्चागमनं नहि।
लभते परमं स्थानं शिवेन समतां व्रजेत् ॥६१॥

इति श्रीमार्कण्डेयपुराणे हरिहरब्रह्मविरचितं देवीकवचं समाप्तम्।

अथ अर्गलास्तोत्रम्

ॐ अस्य श्रीअर्गलास्तोत्रमन्त्रस्य विष्णुर्ऋषिः, अनुष्टुप् छन्दः, श्रीमहालक्ष्मीर्देवता, श्रीजगदम्बाप्रीतये सप्तशतीपाठाङ्गत्वेन जपे विनियोगः ।।

ॐ नमश्चण्डिकायै ।।

मार्कण्डेय उवाच

ॐ जय त्वं देवि चामुण्डे जय भूतापहारिणि।
जय सर्वगते देवि कालरात्रि नमोऽस्तु ते ।।१।।

जयन्ती मङ्गला काली भद्रकाली कपालिनी।
दुर्गा शिवा क्षमा धात्री स्वाहा स्वधा नमोऽस्तु ते ।।२।।

मधुकैटभविध्वंसि विधातृवरदे नमः।
रूपं देहि जयं देहि यशो देहि द्विषो जहि ।।३।।

महिषासुरनिर्णाशि भक्तानां सुखदे नमः।
रूपं देहि जयं देहि यशो देहि द्विषो जहि ।।४।।

धूम्रनेत्रवधे देवि धर्मकामार्थदायिनी।
रूपं देहि जयं देहि यशो देहि द्विषो जहि ।।५।।

रक्तबीजवधे देवि चण्डमुण्डविनाशिनि।
रूपं देहि जयं देहि यशो देहि द्विषो जहि ।।६।।

निशुम्भशुम्भनिर्नाशि त्रैलोक्यशुभदे नमः।
रूपं देहि जयं देहि यशो देहि द्विषो जहि ।।७।।

वन्दितांघ्रियुगे देवि सर्वसौभाग्यदायिनि।
रूपं देहि जयं देहि यशो देहि द्विषो जहि ॥८॥

अचिन्त्यरूपचरिते सर्वशत्रुविनाशिनि।
रूपं देहि जयं देहि यशो देहि द्विषो जहि ॥९॥

नतेभ्यः सर्वदा भक्त्या चापर्णे दुरितापहे।
रूपं देहि जयं देहि यशो देहि द्विषो जहि ॥१०॥

स्तुवद्भ्यो भक्तिपूर्वं त्वां चण्डिके व्याधिनाशिनि।
रूपं देहि जयं देहि यशो देहि द्विषो जहि ॥११॥

चण्डिके सततं युद्धे जयन्ती पापनाशिनि।
रूपं देहि जयं देहि यशो देहि द्विषो जहि ॥१२॥

देहि सौभाग्यमारोग्यं देहि देवि परं सुखम्।
रूपं देहि जयं देहि यशो देहि द्विषो जहि ॥१३॥

विधेहि देवि कल्याणं विधेहि विपुलां श्रियम्।
रूपं देहि जयं देहि यशो देहि द्विषो जहि ॥१४॥

विधेहि द्विषतां नाशं विधेहि बलमुच्चकैः।
रूपं देहि जयं देहि यशो देहि द्विषो जहि ॥१५॥

सुरासुरशिरोरत्ननिघृष्टचरणेऽम्बिके।
रूपं देहि जयं देहि यशो देहि द्विषो जहि ॥१६॥

विद्यावन्तं यशस्वन्तं लक्ष्मीवन्तञ्च मां कुरु।
रूपं देहि जयं देहि यशो देहि द्विषो जहि ॥१७॥

देवि प्रचण्डदोर्दण्डदैत्यदर्पनिषूदिनि।
रूपं देहि जयं देहि यशो देहि द्विषो जहि ॥१८॥

प्रचण्डदैत्यदर्पघ्ने चण्डिके प्रणताय मे।
रूपं देहि जयं देहि यशो देहि द्विषो जहि ॥१९॥

चतुर्भुजे चतुर्वक्त्रसंस्तुते परमेश्वरि।
रूपं देहि जयं देहि यशो देहि द्विषो जहि ॥२०॥

कृष्णेन संस्तुते देवि शश्वद्भक्त्या सदाम्बिके।
रूपं देहि जयं देहि यशो देहि द्विषो जहि ॥२१॥

हिमाचलसुतानाथसंस्तुते परमेश्वरि।
रूपं देहि जयं देहि यशो देहि द्विषो जहि ॥२२॥

इन्द्राणीपतिसद्भावपूजिते परमेश्वरि।
रूपं देहि जयं देहि यशो देहि द्विषो जहि ॥२३॥

देवि भक्तजनोद्दामदत्तानन्दोदयेऽम्बिके।
रूपं देहि जयं देहि यशो देहि द्विषो जहि ॥२४॥

भार्यां मनोरमां देहि मनोवृत्तानुसारिणीम्।
रूपं देहि जयं देहि यशो देहि द्विषो जहि ॥२५॥

तारिणीं दुर्गसंसारसागरस्याचलोद्भवे।
रूपं देहि जयं देहि यशो देहि द्विषो जहि ॥२६॥

इदं स्तोत्रं पठित्वा तु महास्तोत्रं पठेन्नरः।
सप्तशतीं समाराध्य वरमाप्नोति दुर्लभम् ॥२७॥

इति श्रीमार्कण्डेयपुराणे अर्गलास्तोत्रं समाप्तम्।

अथ कीलकस्तोत्रम्

ॐ अस्य श्रीकीलकमन्त्रस्य शिव ऋषिः, अनुष्टुप् छन्दः, श्रीमहासरस्वती देवता, श्रीजगदम्बाप्रीत्यर्थे सप्तशतीपाठाङ्गत्वेन जपे विनियोगः।

ॐ नमश्चण्डिकायै।

मार्कण्डेय उवाच

ॐ विशुद्धज्ञानदेहाय त्रिवेदीदिव्यचक्षुषे।
श्रेयःप्राप्तिनिमित्ताय नमः सोमार्द्धधारिणे ॥१॥

सर्वमेतद्विजानीयान्मन्त्राणामपि कीलकम्।
सोऽपि क्षेममवाप्नोति सततं जप्यतत्परः ॥२॥

सिद्ध्यन्त्युच्चाटनादीनि कर्माणि सकलान्यपि।
एतेन स्तुवतां देवीं स्तोत्रवृन्देन भक्तितः ॥३॥

न मन्त्रो नौषधं तस्य न किञ्चिदपि विद्यते।
विना जप्येन सिद्ध्येत्तु सर्वमुच्चाटनादिकम् ॥४॥

समग्राण्यपि सेत्स्यन्ति लोकशंकामिमां हरः।
कृत्वा निमन्त्रयामास सर्वमेवमिदं शुभम् ॥५॥

स्तोत्रं वै चण्डिकायास्तु तच्च गुह्यं चकार सः।
समाप्नोति स पुण्येन तां यथावन्नियन्त्रणाम् ॥६॥

सोऽपि क्षेममवाप्नोति सर्वमेव न संशयः।
कृष्णायां वा चतुर्दश्यामष्टम्यां वा समाहितः ॥७॥

ददाति प्रतिगृह्णाति नान्यथैषा प्रसीदति।
इत्थंरूपेण कीलेन महादेवेन कीलितम् ॥८॥

यो निष्कीलां विधायैनां चण्डीं जपति नित्यशः।
स सिद्धः स गणः सोऽथ गन्धर्वो जायते ध्रुवम् ॥९॥

न चैवापाटवं तस्य भयं क्वापि न जायते।
नापमृत्युवशं याति मृते च मोक्षमाप्नुयात् ॥१०॥

ज्ञात्वा प्रारभ्य कुर्वीत ह्यकुर्वाणो विनश्यति।
ततो ज्ञात्वैव सम्पूर्णमिदं प्रारभ्यते बुधैः ॥११॥

सौभाग्यादि च यत्किञ्चिद् दृश्यते ललनाजने।
तत्सर्वं तत्प्रसादेन तेन जप्यमिदं शुभम् ॥१२॥

शनैस्तु जप्यमानेऽस्मिन् स्तोत्रे सम्पत्तिरुच्चकैः।
भवत्येव समग्रापि ततः प्रारभ्यमेव तत् ॥१३॥

ऐश्वर्यं तत्प्रसादेन सौभाग्यारोग्यमेव च।
शत्रुहानिः परो मोक्षः स्तूयते सा न किं जनैः ॥१४॥

चण्डिकां हृदयेनापि यः स्मरेत् सततं नरः।
हृद्यं काममवाप्नोति हृदि देवी सदा वसेत् ॥१५॥

अग्रतोऽमुं महादेवकृतं कीलकवारणम्।
निष्कीलञ्च तथा कृत्वा पठितव्यं समाहितैः ॥१६॥

इति श्रीभगवत्याः कीलकस्तोत्रं समाप्तम्।

अथ ऋग्वेदोक्तं रात्रिसूक्तम्

रात्रिसूक्तस्य कुशिक ऋषिः रात्रिर्देवता, गायत्री छन्दः, श्रीजगदम्बाप्रीत्यर्थे सप्तशती पाठादौ जपे विनियोगः।

ॐ रात्री व्यख्यदायती पुरुत्रा देव्यक्षभिः। विश्वा अधि श्रियोऽधित ॥१॥

ओर्वप्रा अमर्त्या निवतो देव्युद्वतः। ज्योतिषा बाधते तमः ॥२॥

निरु स्वसारमस्कृतोषसं देव्यायती। अपेदु हासते तमः ॥३॥

सा नो अद्य यस्या वयं नि ते यामन्नविक्ष्महि। वृक्षे न वसतिं वयः ॥४॥

नि ग्रामासो अविक्षत नि पद्वन्तो नि पक्षिणः। नि श्येनासश्चिदर्थिनः ॥५॥

यावया वृक्यं वृकं यवय स्तेनमूर्म्ये। अथा नः सुतरा भव ॥६॥

उप मा पेपिशत्तमः कृष्णं व्यक्तमस्थित। उप ऋणेव यातय ॥७॥

उप ते गा इवाकरं वृणीष्व दुहितर्दिवः। रात्रि स्तोमं न जिग्युषे ॥८॥

इति ऋग्वेदोक्तं रात्रिसूक्तम् समाप्तम्।

।। ॐ श्रीदुर्गायै नमः ।।

अथ श्री दुर्गासप्तशती

प्रथमोऽध्यायः

विनियोगः

ॐ अस्य श्रीप्रथमचरित्रस्य ब्रह्मा ऋषिः, महाकाली देवता, गायत्री छन्दः, नन्दा शक्तिः, रक्तदन्तिका बीजम्, अग्निस्तत्त्वम्, ऋग्वेदः स्वरूपम्, श्रीमहाकालीप्रीत्यर्थे प्रथमचरित्रजपे विनियोगः।

महाकालीध्यानम्

खड्गं चक्रगदेषुचापपरिघाञ्छूलं भुशुण्डीं शिरः
शंखं संदधतीं करैस्त्रिनयनां सर्वाङ्गभूषावृताम्।
नीलाश्मद्युतिमास्यपाददशकां सेवे महाकालिकां
यामस्तौत्स्वपिते हरौ कमलजो हन्तुं मधुं कैटभम्।।

ॐ नमश्चण्डिकायै

'ॐ ऐं' मार्कण्डेय उवाच ।।१ ।।

सावर्णिः सूर्यतनयो यो मनुः कथ्यतेऽष्टमः।
निशामय तदुत्पत्तिं विस्तराद् गदतो मम ।।२।।

महामायानुभावेन यथा मन्वन्तराधिपः।
स बभूव महाभागः सावर्णिस्तनयो रवेः ॥३॥

स्वारोचिषेऽन्तरे पूर्वं चैत्रवंशसमुद्भवः।
सुरथो नाम राजाभूत्समस्ते क्षितिमण्डले ॥४॥

तस्य पालयतः सम्यक् प्रजाः पुत्रानिवौरसान्।
बभूवुः शत्रवो भूपाः कोलाविध्वंसिनस्तदा ॥५॥

तस्य तैरभवद् युद्धमतिप्रबलदण्डिनः।
न्यूनैरपि स तैर्युद्धे कोलाविध्वंसिभिर्जितः ॥६॥

ततः स्वपुरमायातो निजदेशाधिपोऽभवत्।
आक्रान्तः स महाभागस्तैस्तदा प्रबलारिभिः ॥७॥

अमात्यैर्बलिभिर्दुष्टैर्दुर्बलस्य दुरात्मभिः।
कोशो बलं चापहृतं तत्रापि स्वपुरे ततः ॥८॥

ततो मृगयाव्याजेन हृतस्वाम्यः स भूपतिः।
एकाकी हयमारुह्य जगाम गहनं वनम् ॥९॥

स तत्राश्रममद्राक्षीद् द्विजवर्यस्य मेधसः।
प्रशान्तश्वापदाकीर्णं मुनिशिष्योपशोभितम् ॥१०॥

तस्थौ कंचित्स कालं च मुनिना तेन सत्कृतः।
इतश्चेतश्च विचरंस्तस्मिन्मुनिवराश्रमे ॥११॥

सोऽचिन्तयत्तदा तत्र ममत्वाकृष्टचेतनः ॥१२॥

मत्पूर्वैः पालितं पूर्वं मया हीनं पुरं हि तत्।
मद्भृत्यैस्तैरसद्वृत्तैर्धर्मतः पाल्यते न वा ॥१३॥

न जाने स प्रधानो मे शूरहस्ती सदामदः।
मम वैरिवशं यातः कान् भोगानुपलप्स्यते ॥१४॥

ये ममानुगता नित्यं प्रसादधनभोजनैः ।
अनुवृत्तिं ध्रुवं तेऽद्य कुर्वन्त्यन्यमहीभृताम् ॥१५॥

असम्यग्व्ययशीलैस्तैः कुर्वद्भिः सततं व्ययम् ।
संचितः सोऽतिदुःखेन क्षयं कोशो गमिष्यति ॥१६॥

एतच्चान्यच्च सततं चिन्तयामास पार्थिवः ।
तत्र विप्राश्रमाभ्याशे वैश्यमेकं ददर्श सः ॥१७॥

स पृष्टस्तेन कस्त्वं भो हेतुश्चागमनेऽत्र कः ।
सशोक इव कस्मात्त्वं दुर्मना इव लक्ष्यसे ॥१८॥

इत्याकर्ण्य वचस्तस्य भूपतेः प्रणयोदितम् ।
प्रत्युवाच स तं वैश्यः प्रश्रयावनतो नृपम् ॥१९॥

वैश्य उवाच ॥२०॥

समाधिर्नाम वैश्योऽहमुत्पन्नो धनिनां कुले ।
पुत्रदारैर्निरस्तश्च धनलोभादसाधुभिः ॥२१॥

विहीनश्च धनैर्दारैः पुत्रैरादाय मे धनम् ।
वनमभ्यागतो दुःखी निरस्तश्चाप्तबन्धुभिः ॥२२॥

सोऽहं न वेद्मि पुत्राणां कुशलाकुशलात्मिकाम् ।
प्रवृत्तिं स्वजनानां च दाराणां चात्र संस्थितः ॥२३॥

किं नु तेषां गृहे क्षेममक्षेमं किं नु साम्प्रतम् ॥२४॥
कथं ते किं नु सद्वृत्ता दुर्वृत्ताः किं नु मे सुताः ॥२५॥

राजोवाच ॥२६॥

यैर्निरस्तो भवाँल्लुब्धैः पुत्रदारादिभिर्धनैः ॥२७॥

तेषु किं भवतः स्नेहमनुबध्नाति मानसम् ॥२८॥

वैश्य उवाच ॥२९॥

एवमेतद्यथा प्राह भवानस्मद्गतं वचः ।
किं करोमि न बध्नाति मम निष्ठुरतां मनः ॥३०॥

यैः संत्यज्य पितृस्नेहं धनलुब्धैर्निराकृतः ।
पतिस्वजनहार्दं च हार्दि तेष्वेव मे मनः ॥३१॥

किमेतन्नाभिजानामि जानन्नपि महामते ।
यत्प्रेमप्रवणं चित्तं विगुणेष्वपि बन्धुषु ॥३२॥

तेषां कृते मे निःश्वासो दौर्मनस्यं च जायते ॥३३॥

करोमि किं यन्न मनस्तेष्वप्रीतिषु निष्ठुरम् ॥३४॥

मार्कण्डेय उवाच ॥३५॥

ततस्तौ सहितौ विप्र तं मुनिं समुपस्थितौ ॥३६॥

समाधिर्नाम वैश्योऽसौ स च पार्थिवसत्तमः ॥३७॥

कृत्वा तु तौ यथान्यायं यथार्हं तेन संविदम् ।
उपविष्टौ कथाः काश्चिच्चक्रतुर्वैश्यपार्थिवौ ॥३८॥

राजोवाच ॥३९॥

भगवंस्त्वामहं प्रष्टुमिच्छाम्येकं वदस्व तत् ॥४०॥

दुःखाय यन्मे मनसः स्वचित्तायत्ततां विना ॥४१॥

ममत्वं गतराज्यस्य राज्याङ्गेष्वखिलेष्वपि ।
जानतोऽपि यथाज्ञस्य किमेतन्मुनिसत्तम ॥४२॥

अयं च निकृतः पुत्रैर्दारैर्भृत्यैस्तथोज्झितः ।
स्वजनेन च संत्यक्तस्तेषु हार्दी तथाप्यति ॥४३॥
एवमेष तथाहं च द्वावप्यत्यन्तदुःखितौ ।
दृष्टदोषेऽपि विषये ममत्वाकृष्टमानसौ ॥४४॥
तत्किमेतन्महाभाग यन्मोहो ज्ञानिनोरपि ।
ममास्य च भवत्येषा विवेकान्धस्य मूढता ॥४५॥

ऋषिरुवाच ॥४६॥

ज्ञानमस्ति समस्तस्य जन्तोर्विषयगोचरे ।
विषयश्च महाभाग याति चैवं पृथक् पृथक् ॥४७॥
दिवान्धाः प्राणिनः केचिद्रात्रावन्धास्तथापरे ।
केचिद्दिवा तथा रात्रौ प्राणिनस्तुल्यदृष्टयः ॥४८॥
ज्ञानिनो मनुजाः सत्यं किं तु ते न हि केवलम् ।
यतो हि ज्ञानिनः सर्वे पशुपक्षिमृगादयः ॥४९॥
ज्ञानं च तन्मनुष्याणां यत्तेषां मृगपक्षिणाम् ।
मनुष्याणां च यत्तेषां तुल्यमन्यत्तथोभयोः ॥५०॥
ज्ञानेऽपि सति पश्यैतान् पतङ्गाञ्छावचञ्चुषु ।
कणमोक्षादृतान्मोहात्पीड्यमानानपि क्षुधा ॥५१॥
मानुषा मनुजव्याघ्र साभिलाषाः सुतान् प्रति ।
लोभात्प्रत्युपकाराय नन्वेतान् किं न पश्यसि ॥५२॥
तथापि ममतावर्त्ते मोहगर्ते निपातिताः
महामायाप्रभावेण संसारस्थितिकारिणा ॥५३॥

तन्नात्र विस्मयः कार्यो योगनिद्रा जगत्पतेः ।
महामाया हरेश्चैषा तया सम्मोह्यते जगत् ॥५४॥

ज्ञानिनामपि चेतांसि देवी भगवती हि सा ।
बलादाकृष्य मोहाय महामाया प्रयच्छति ॥५५॥

तया विसृज्यते विश्वं जगदेतच्चराचरम् ।
सैषा प्रसन्ना वरदा नृणां भवति मुक्तये ॥५६॥

सा विद्या परमा मुक्तेर्हेतुभूता सनातनी ॥५७॥

संसारबन्धहेतुश्च सैव सर्वेश्वरेश्वरी ॥५८॥

राजोवाच ॥५९॥

भगवन् का हि सा देवी महामायेति यां भवान् ।
ब्रवीति कथमुत्पन्ना सा कर्मास्याश्च किं द्विज ॥६०॥
यत्प्रभावा च सा देवी यत्स्वरूपा यदुद्भवा ॥६१॥
तत्सर्वं श्रोतुमिच्छामि त्वत्तो ब्रह्मविदां वर ॥६२॥

ऋषिरुवाच ॥६३॥

नित्यैव सा जगन्मूर्तिस्तया सर्वमिदं ततम् ॥६४॥
तथापि तत्समुत्पत्तिर्बहुधा श्रूयतां मम ॥६५॥
देवानां कार्यसिद्ध्यर्थमाविर्भवति सा यदा ।
उत्पन्नेति तदा लोके सा नित्याप्यभिधीयते ॥६६॥
योगनिद्रां यदा विष्णुर्जगत्येकार्णवीकृते ।
आस्तीर्य शेषमभजत्कल्पान्ते भगवान् प्रभुः ॥६७॥

तदा द्वावसुरौ घोरौ विख्यातौ मधुकैटभौ।
विष्णुकर्णमलोद्भूतौ हन्तुं ब्रह्माणमुद्यतौ ॥६८॥
स नाभिकमले विष्णोः स्थितो ब्रह्मा प्रजापतिः।
दृष्ट्वा तावसुरौ चोग्रौ प्रसुप्तं च जनार्दनम् ॥६९॥
तुष्टाव योगनिद्रां तामेकाग्रहृदयस्थितः।
विबोधनार्थाय हरेर्हरिनेत्रकृतालयाम् ॥७०॥
विश्वेश्वरीं जगद्धात्रीं स्थितिसंहारकारिणीम्।
निद्रां भगवतीं विष्णोरतुलां तेजसः प्रभुः ॥७१॥

ब्रह्मोवाच ॥७२॥

त्वं स्वाहा त्वं स्वधा त्वं हि वषट्कारः स्वरात्मिका।
सुधा त्वमक्षरे नित्ये त्रिधा मात्रात्मिका स्थिता ॥७३॥
अर्धमात्रास्थिता नित्या यानुच्चार्या विशेषतः।
त्वमेव सन्ध्या सावित्री त्वं देवजननी परा ॥७४॥
त्वयैतद्धार्यते विश्वं त्वयैतत्सृजते जगत्।
त्वयैतत्पाल्यते देवि त्वमत्स्यन्ते च सर्वदा ॥७५॥
विसृष्टौ सृष्टिरूपा त्वं स्थितिरूपा च पालने।
तथा संहृतिरूपान्ते जगतोऽस्य जगन्मये ॥७६॥
महाविद्या महामाया महामेधा महास्मृतिः।
महामोहा च भवती महादेवी महासुरी ॥७७॥
प्रकृतिस्त्वं च सर्वस्य गुणत्रयविभाविनी।
कालरात्रिर्महारात्रिर्मोहरात्रिश्च दारुणा ॥७८॥

त्वं श्रीस्त्वमीश्वरी त्वं ह्रीस्त्वं बुद्धिर्बोधलक्षणा।
लज्जा पुष्टिस्तथा तुष्टिस्त्वं शान्तिः क्षान्तिरेव च ॥७९॥

खड्गिनी शूलिनी घोरा गदिनी चक्रिणी तथा।
शंखिनी चापिनी बाणभुशुण्डीपरिघायुधा ॥८०॥

सौम्या सौम्यतराशेषसौम्येभ्यस्त्वतिसुन्दरी।
परापराणां परमा त्वमेव परमेश्वरी ॥८१॥

यच्च किंचित्क्वचिद्वस्तु सदसद्वाखिलात्मिके।
तस्य सर्वस्य या शक्तिः सा त्वं किं स्तूयसे मया ॥८२॥

यया त्वया जगत्स्रष्टा जगत्पातात्ति यो जगत्।
सोऽपि निद्रावशं नीतः कस्त्वां स्तोतुमिहेश्वरः ॥८३॥

विष्णुः शरीरग्रहणमहमीशान एव च।
कारितास्ते यतोऽतस्त्वां कः स्तोतुं शक्तिमान् भवेत् ॥८४॥

सा त्वमित्थं प्रभावैः स्वैरुदारैर्देवि संस्तुता।
मोहयैतौ दुराधर्षावसुरौ मधुकैटभौ ॥८५॥

प्रबोधं च जगत्स्वामी नीयतामच्युतो लघु ॥८६॥

बोधश्च क्रियतामस्य हन्तुमेतौ महासुरौ ॥८७॥

ऋषिरुवाच ॥८८॥

एवं स्तुता तदा देवी तामसी तत्र वेधसा।
विष्णोः प्रबोधनार्थाय निहन्तुं मधुकैटभौ ॥८९॥

नेत्रास्यनासिकाबाहुहृदयेभ्यस्तथोरसः।
निर्गम्य दर्शने तस्थौ ब्रह्मणोऽव्यक्तजन्मनः ॥९०॥

उत्तस्थौ च जगन्नाथस्तया मुक्तो जनार्दनः।
एकार्णवेऽहिशयनात्ततः स ददृशे च तौ ।।९१।।

मधुकैटभौ दुरात्मानावतिवीर्यपराक्रमौ।
क्रोधरक्तेक्षणावत्तुं ब्रह्माणं जनितोद्यमौ ।।९२।।

समुत्थाय ततस्ताभ्यां युयुधे भगवान् हरिः।
पञ्चवर्षसहस्राणि बाहुप्रहरणो विभुः ।।९३।।

तावप्यतिबलोन्मत्तौ महामायाविमोहितौ ।।९४।।

उक्तवन्तौ वरोऽस्मत्तो व्रियतामिति केशवम् ।।९५।।

श्रीभगवानुवाच ।।९६।।

भवेतामद्य मे तुष्टौ मम वध्यावुभावपि ।।९७।।

किमन्येन वरेणात्र एतावद्धि वृतं मम ।।९८।।

ऋषिरुवाच ।।९९।।

वञ्चिताभ्यामिति तदा सर्वमापोमयं जगत् ।
विलोक्य ताभ्यां गदितो भगवान् कमलेक्षणः ।।१००।।

प्रीतौ स्वस्तव युद्धेन श्लाघ्यस्त्वं मृत्युरावयोः।
आवां जहि न यत्रोर्वी सलिलेन परिप्लुता ।।१०१।।

ऋषिरुवाच ।।१०२।।

तथेत्युक्त्वा भगवता शंखचक्रगदाभृता।
कृत्वा चक्रेण वै च्छिन्ने जघने शिरसी तयोः ।।१०३।।

एवमेषा समुत्पन्ना ब्रह्मणा संस्तुता स्वयम् ।
प्रभावमस्या देव्यास्तु भूयः शृणु वदामि ते ।।ऐं ॐ।।१०४।।

इति श्रीमार्कण्डेयपुराणे सावर्णिके मन्वन्तरे देवीमाहात्म्ये
मधुकैटभवधो नाम प्रथमोऽध्यायः ।।१।।

SRI DURGA SAPTASHATI OR THE DEVI MAHATMYA

(THE GLORY OF THE DIVINE MOTHER)

THE FIRST CHAPTER

Markandeya said: The eighth Manu is called Savarni, the son of Surya (Sun). I shall now tell you how he came into being. Due to the grace of Mahamaya, that lord of the Manvantara came to be the son of Surya.

There was a king called Suratha ruling over the whole earth. He ruled his subjects like his own children. He was once attacked by his enemies who tried to capture his city by force. He had a great fight with them. He was defeated in battle by those wicked ministers and kings of the hostile party and was compelled to leave his country. He felt extremely dejected, and mounting on a horse, singly went to a dense forest. There he saw an Ashram of a great Brahmin. There were many disciples in the Ashram, studying sacred lore. The king was received warmly by the sage.

There the king was wandering here and there and being caught by the force of 'mineness' he thought within himself, "Ah! What a sad state! Up to this time I was ruling this country, and now it is occupied by the enemy. My ministers were serving me faithfully, and now they are serving my enemies. My subjects were happy during my rule, and I do not know how they are being treated now. They are all serving a foreign ruler. My treasury will be completely used up by the enemies!" Thus and other things did the king ponder over.

In that Ashram, the king saw a Vaisya (the merchant-caste).

The king asked him, "Who are you? What are you doing here? Please tell me everything about you." The Vaisya said, "My name is Samadhi. I was born in a wealthy family. But I was deprived of all my property by wicked people of my neighbourhood, and all my family, wife and children deserted me, and due to poverty I have taken shelter in this forest. I am filled with grief. I do not know what has happened to my wife and what my children are doing now. Whether they are living or dead I do not know." The king said, "When your wife and children have deserted you, when you became penniless, why then, are you so much attached to them even now?" The Vaisya said, "O king! True exactly is what you say. I also know it. But what to do? Still I love them. The nature of mind is such. It loves even the wicked wife and the wicked children who have driven me out. I cannot help it."

Markandeya said: Then they both, the king and the Vaisya, went to that sage who was residing in that Ashram. They both prostrated before the sage, and with great reverence the king questioned the sage, "O revered sage! I wish to ask you one question. O sage! I have lost all my territory. I have now nothing with me. But still I am having great attachment for my lost kingdom, wife and children. O sage, why is this? This is a Vaisya who has been deserted by his kith and kin due to his poverty and still he has got great attachment for his wife and children. We both are of the same type. We both are filled with grief. We both are deluded. Please destroy our ignorance through your wisdom."

The sage said: O king! Yes, there is that wisdom in every creature. Some animals are blind during the daytime, some are blind during the night. Some are of the same sight during night and day. Man has sight only during the day. Yet, all possess the same wisdom. What is all this? Why is this difference? Look at the moths falling on fire! Look at men falling in the fire of sensual objects! What difference is there among creatures here? In spite of intelligence, all creatures are struggling for the sake of belly. All are controlled and deluded by the Great Power, the Mahamaya of Vishnu! Due to Her Power all this world is working. Due to Her all are suffering. Due to Her all are happy. There is no wonder in this. Even Jnanis are dragged by this Maya by force, and they are totally deluded. She is the creator of this universe, mobile and immobile. She, being pleased, gives men the eternal salvation in the end. She is the cause of bondage and liberation. She alone is all in all. She rules supreme over all lords!

The king said: O sage! Who is that Devi Maya? How is She born? I wish to hear everything about Her, who works such wonders in this world.

The sage said: She is eternal, the manifestation of the Supreme Power. She is pervading all this. Her coming into being is heard of in various ways. When She reveals Herself for the good of the gods, She is considered as being born. When Maha Vishnu was merged in His Yoganidra during the time of the great Dissolution, there arose two great demons, called Madhu and Kaitabha from the dirt of Vishnu's ears. They ran towards Brahma who was just projected out from the great Lotus of Vishnu's navel, and came to devour him. Brahma saw that Vishnu was asleep and that there was none to help him in such a danger. In order to wake up Mahavishnu from His sleep, Brahma prayed to Adimaya, the support of the universe, the Supreme Goddess of the worlds, the Creatress, the Preserver and Destroyer of everything.

Brahma said: O Devi! Thou art Svaha, Svadha and Vashatkara! Thou art Nada, Ardhamatra, Savitri! Thou art the Support of this world. Thou alone createst this universe. Thou preservest this. Thou art Mahavidya, Mahamaya, Mahamedha, Mahasmriti, and Mahamoha! Save me by waking up the great

Vishnu. Thou art Prakriti, with three Gunas, Thou art prosperity, Thou art peace and mercy. Thou art with countless weapons. Thou art beautiful and dreadful. Thou art greater than the greatest, O Devi! Whatever there is here is Thyself. What more can I say? Vishnu would have helped me, He would have saved me, but He is asleep. Kindly wake Him up, and delude these Asuras, for I am in danger of life.

The sage said: Thus praised, the great Maya, entered the body of Vishnu from all quarters. She opened His eyes, opened His mind, opened His hands and opened every limb part by part. The great Lord of the worlds, stood up with inexpressible grandeur with all His powerful weapons. He saw two formidable demons in front, who were of tremendous power, who were extremely wicked in nature. They were trying to eat up Brahma completely. Lord Hari fought with them for five thousand years. Mahamaya began to delude these two demons through Her power. In their ignorance, they asked Bhagavan Vishnu, "Hari! What boon do you want? Ask from us." The Lord said, "Become you both My victims immediately."

The Rishi said: Seeing that there was no place where there was no water, the demons said, "Yes, you can kill us where there is no water." Vishnu kept them both on His thighs where there was no water and chopped off both of their heads with His dreadful Sudarshana-Chakra. O king! Thus is a story how Maya was born for the first time. Hear of Her great stories still more.

अथ मध्यमचरितम्

द्वितीयोऽध्यायः

विनियोगः

ॐ अस्य श्री मध्यमचरित्रस्य विष्णुर्ऋषिः, महालक्ष्मीर्देवता, उष्णिक् छन्दः, शाकम्भरी शक्तिः, दुर्गा बीजम्, वायुस्तत्त्वम्, यजुर्वेदः स्वरूपम्, श्रीमहालक्ष्मीप्रीत्यर्थे मध्यमचरित्रजपे विनियोगः।

महालक्ष्मीध्यानम्

ॐ अक्षस्रक्परशुं गदेषुकुलिशं पद्मं धनुष्कुण्डिकां
दण्डं शक्तिमसिं च चर्म जलजं घण्टां सुराभाजनम् ।
शूलं पाशसुदर्शने च दधतीं हस्तैः प्रसन्नाननां
सेवे सैरिभमर्दिनीमिह महालक्ष्मीं सरोजस्थिताम् ।।

'ॐ ह्रीं' ऋषिरुवाच ।।१।।

देवासुरमभूद्युद्धं पूर्णमब्दशतं पुरा।
महिषेऽसुराणामधिपे देवानां च पुरन्दरे ।।२।।

तत्रासुरैर्महावीर्यैर्देवसैन्यं पराजितम् ।
जित्वा च सकलान् देवानिन्द्रोऽभून्महिषासुरः ।।३।।

ततः पराजिता देवाः पद्मयोनिं प्रजापतिम् ।
पुरस्कृत्य गतास्तत्र यत्रेशगरुडध्वजौ ।।४।।

यथावृत्तं तयोस्तद्वन्महिषासुरचेष्टितम् ।
त्रिदशाः कथयामासुर्देवाभिभवविस्तरम् ॥५॥

सूर्येन्द्राग्न्यनिलेन्दूनां यमस्य वरुणस्य च।
अन्येषां चाधिकारान् स स्वयमेवाधितिष्ठति ॥६॥

स्वर्गान्निराकृताः सर्वे तेन देवगणा भुवि।
विचरन्ति यथा मर्त्या महिषेण दुरात्मना ॥७॥

एतद्वः कथितं सर्वममरारिविचेष्टितम् ।
शरणं वः प्रपन्नाः स्मो वधस्तस्य विचिन्त्यताम् ॥८॥

इत्थं निशम्य देवानां वचांसि मधुसूदनः।
चकार कोपं शम्भुश्च भ्रुकुटीकुटिलाननौ ॥९॥

ततोऽतिकोपपूर्णस्य चक्रिणो वदनात्ततः।
निश्चक्राम महत्तेजो ब्रह्मणः शंकरस्य च ॥१०॥

अन्येषां चैव देवानां शक्रादीनां शरीरतः।
निर्गतं सुमहत्तेजस्तच्चैक्यं समगच्छत ॥११॥

अतीव तेजसः कूटं ज्वलन्तमिव पर्वतम् ।
ददृशुस्ते सुरास्तत्र ज्वालाव्याप्तदिगन्तरम् ॥१२॥

अतुलं तत्र तत्तेजः सर्वदेवशरीरजम् ।
एकस्थं तदभून्नारी व्याप्तलोकत्रयं त्विषा ॥१३॥

यदभूच्छाम्भवं तेजस्तेनाजायत तन्मुखम् ।
याम्येन चाभवन् केशा बाहवो विष्णुतेजसा ॥१४॥

सौम्येन स्तनयोर्युग्मं मध्यं चैन्द्रेण चाभवत् ।
वारुणेन च जङ्घोरू नितम्बस्तेजसा भुवः ॥१५॥

ब्रह्मणस्तेजसा पादौ तदङ्गुल्योऽर्कतेजसा।
वसूनां च कराङ्गुल्यः कौबेरेण च नासिका ॥१६॥

तस्यास्तु दन्ताः सम्भूताः प्राजापत्येन तेजसा।
नयनत्रितयं जज्ञे तथा पावकतेजसा ॥१७॥

भ्रुवौ च सन्ध्ययोस्तेजः श्रवणावनिलस्य च।
अन्येषां चैव देवानां सम्भवस्तेजसां शिवा ॥१८॥

ततः समस्तदेवानां तेजोराशिसमुद्भवाम् ।
तां विलोक्य मुदं प्रापुरमरा महिषार्दिताः ॥१९॥

शूलं शूलाद्विनिष्कृष्य ददौ तस्यै पिनाकधृक् ।
चक्रं च दत्तवान् कृष्णः समुत्पाद्य स्वचक्रतः ॥२०॥

शंखं च वरुणः शक्तिं ददौ तस्यै हुताशनः।
मारुतो दत्तवांश्चापं बाणपूर्णे तथेषुधी ॥२१॥

वज्रमिन्द्रः समुत्पाद्य कुलिशादमराधिपः।
ददौ तस्यै सहस्राक्षो घण्टामैरावताद् गजात् ॥२२॥

कालदण्डाद्यमो दण्डं पाशं चाम्बुपतिर्ददौ।
प्रजापतिश्चाक्षमालां ददौ ब्रह्मा कमण्डलुम् ॥२३॥

समस्तरोमकूपेषु निजरश्मीन् दिवाकरः।
कालश्च दत्तवान् खड्गं तस्याश्चर्म च निर्मलम् ॥२४॥

क्षीरोदश्चामलं हारमजरे च तथाम्बरे।
चूडामणिं तथा दिव्यं कुण्डले कटकानि च ॥२५॥

अर्धचन्द्रं तथा शुभ्रं केयूरान् सर्वबाहुषु।
नूपुरौ विमलौ तद्वद् ग्रैवेयकमनुत्तमम् ॥२६॥

अङ्गुलीयकरत्नानि समस्तास्वङ्गुलीषु च।
विश्वकर्मा ददौ तस्यै परशुं चातिनिर्मलम् ॥२७॥

अस्त्राण्यनेकरूपाणि तथाभेद्यं च दंशनम् ।
अम्लानपंकजां मालां शिरस्युरसि चापराम् ॥२८॥

अददज्जलधिस्तस्यै पंकजं चातिशोभनम् ।
हिमवान् वाहनं सिंहं रत्नानि विविधानि च ॥२९॥

ददावशून्यं सुरया पानपात्रं धनाधिपः।
शेषश्च सर्वनागेशो महामणिविभूषितम् ॥३०॥

नागहारं ददौ तस्यै धत्ते यः पृथिवीमिमाम् ।
अन्यैरपि सुरैर्देवी भूषणैरायुधैस्तथा ॥३१॥

सम्मानिता ननादोच्चैः साट्टहासं मुहुर्मुहुः।
तस्या नादेन घोरेण कृत्स्नमापूरितं नभः ॥३२॥

अमायतातिमहता प्रतिशब्दो महानभूत् ।
चुक्षुभुः सकला लोकाः समुद्राश्च चकम्पिरे ॥३३॥

चचाल वसुधा चेलुः सकलाश्च महीधराः।
जयेति देवाश्च मुदा तामूचुः सिंहवाहिनीम् ॥३४॥

तुष्टुवुर्मुनयश्चैनां भक्तिनम्रात्ममूर्तयः।
दृष्ट्वा समस्तं संक्षुब्धं त्रैलोक्यममरारयः ॥३५॥

सन्नद्धाखिलसैन्यास्ते समुत्तस्थुरुदायुधाः।
आः किमेतदिति क्रोधादाभाष्य महिषासुरः ॥३६॥

अभ्यधावत तं शब्दमशेषैरसुरैर्वृतः।
स ददर्श ततो देवीं व्याप्तलोकत्रयां त्विषा ॥३७॥

पादाक्रान्त्या नतभुवं किरीटोल्लिखिताम्बराम् ।
क्षोभिताशेषपातालां धनुर्ज्यानिःस्वनेन ताम् ॥३८॥

दिशो भुजसहस्रेण समन्ताद् व्याप्य संस्थिताम् ।
ततः प्रववृते युद्धं तया देव्या सुरद्विषाम् ॥३९॥

शस्त्रास्त्रैर्बहुधा मुक्तैरादीपितदिगन्तरम् ।
महिषासुरसेनानीश्चिक्षुराख्यो महासुरः ॥४०॥

युयुधे चामरश्चान्यैश्चतुरङ्गबलान्वितः ।
रथानामयुतैः षड्भिरुदग्राख्यो महासुरः ॥४१॥

अयुध्यतायुतानां च सहस्रेण महाहनुः ।
पञ्चाशद्भिश्च नियुतैरसिलोमा महासुरः ॥४२॥

अयुतानां शतैः षड्भिर्बाष्कलो युयुधे रणे ।
गजवाजिसहस्रौघैरनेकैः परिवारितः ॥४३॥

वृतो रथानां कोट्या च युद्धे तस्मिन्नयुध्यत ।
बिडालाख्योऽयुतानां च पञ्चाशद्भिरथायुतैः ॥४४॥

युयुधे संयुगे तत्र रथानां परिवारितः ।
अन्ये च तत्रायुतशो रथनागहयैर्वृताः ॥४५॥

युयुधुः संयुगे देव्या सह तत्र महासुराः ।
कोटिकोटिसहस्रैस्तु रथानां दन्तिनां तथा ॥४६॥

हयानां च वृतो युद्धे तत्राभून्महिषासुरः ।
तोमरैर्भिन्दिपालैश्च शक्तिभिर्मुसलैस्तथा ॥४७॥

युयुधुः संयुगे देव्या खड्गैः परशुपट्टिशैः ।
केचिच्च चिक्षिपुः शक्तीः केचित्पाशांस्तथापरे ॥४८॥

देवीं खड्गप्रहारैस्तु ते तां हन्तुं प्रचक्रमुः।
सापि देवी ततस्तानि शस्त्राण्यस्त्राणि चण्डिका ॥४९॥

लीलयैव प्रचिच्छेद निजशस्त्रास्त्रवर्षिणी।
अनायस्तानना देवी स्तूयमाना सुरर्षिभिः ॥५०॥

मुमोचासुरदेहेषु शस्त्राण्यस्त्राणि चेश्वरी।
सोऽपि क्रुद्धो धुतसटो देव्या वाहनकेसरी ॥५१॥

चचारासुरसैन्येषु वनेष्विव हुताशनः।
निःश्वासान् मुमुचे यांश्च युध्यमाना रणेऽम्बिका ॥५२॥

त एव सद्यः सम्भूता गणाः शतसहस्रशः।
युयुधुस्ते परशुभिर्भिन्दिपालासिपट्टिशैः ॥५३॥

नाशयन्तोऽसुरगणान् देवीशक्त्युपबृंहिताः।
अवादयन्त पटहान् गणाः शङ्खांस्तथापरे ॥५४॥

मृदङ्गांश्च तथैवान्ये तस्मिन् युद्धमहोत्सवे।
ततो देवी त्रिशूलेन गदया शक्तिवृष्टिभिः ॥५५॥

खड्गादिभिश्च शतशो निजघान महासुरान् ।
पातयामास चैवान्यान् घण्टास्वनविमोहितान् ॥५६॥

असुरान् भुवि पाशेन बद्ध्वा चान्यानकर्षयत् ।
केचिद् द्विधा कृतास्तीक्ष्णैः खड्गपातैस्तथापरे ॥५७॥

विपोथिता निपातेन गदया भुवि शेरते।
वेमुश्च केचिद्रुधिरं मुसलेन भृशं हताः ॥५८॥

केचिन्निपतिता भूमौ भिन्नाः शूलेन वक्षसि।
निरन्तराः शरौघेण कृताः केचिद्रणाजिरे ॥५९॥

श्येनानुकारिणः प्राणान् मुमुचुस्त्रिदशार्दनाः ।
केषांचिद् बाहवश्छिन्नाश्छिन्नग्रीवास्तथापरे ॥६०॥

शिरांसि पेतुरन्येषामन्ये मध्ये विदारिताः ।
विच्छिन्नजङ्घास्त्वपरे पेतुरुर्व्यां महासुराः ॥६१॥

एकबाह्वक्षिचरणाः केचिद्देव्या द्विधा कृताः ।
छिन्नेऽपि चान्ये शिरसि पतिताः पुनरुत्थिताः ॥६२॥

कबन्धा युयुधुर्देव्या गृहीतपरमायुधाः ।
ननृतुश्चापरे तत्र युद्धे तूर्यलयाश्रिताः ॥६३॥

कबन्धाश्छिन्नशिरसः खड्गशक्त्यृष्टिपाणयः ।
तिष्ठ तिष्ठेति भाषन्तो देवीमन्ये महासुराः ॥६४॥

पातितै रथनागाश्वैरसुरैश्च वसुन्धरा ।
अगम्या साभवत्तत्र यत्राभूत्स महारणः ॥६५॥

शोणितौघा महानद्यः सद्यस्तत्र प्रसुस्रुवुः ।
मध्ये चासुरसैन्यस्य वारणासुरवाजिनाम् ॥६६॥

क्षणेन तन्महासैन्यमसुराणां तथाम्बिका ।
निन्ये क्षयं यथा वह्निस्तृणदारुमहाचयम् ॥६७॥

स च सिंहो महानादमुत्सृजन्धुतकेसरः ।
शरीरेभ्योऽमरारीणामसूनिव विचिन्वति ॥६८॥

देव्या गणैश्च तैस्तत्र कृतं युद्धं महासुरैः ।
यथैषां तुतुषुर्देवाः पुष्पवृष्टिमुचो दिवि ॥ॐ॥६९॥

इति श्रीमार्कण्डेयपुराणे सावर्णिके मन्वन्तरे देवीमाहात्म्ये महिषासुरसैन्यवधो नाम द्वितीयोऽध्यायः ॥२॥

MADHYAMA CHARITAM

THE SECOND CHAPTER

The sage said: In days of yore, there was a great war going on between the Devas and the Asuras, for one hundred years. The leader of the Asuras was Mahisha and that of Devas was Indra. But the Devas were defeated by the powerful Rakshasas and Mahishasura became the ruler of the Devas in Heaven. The defeated Devas complained to Brahma. They all went to Vishnu and Rudra to tell the lamentable story. "O Lords! All of us are completely overthrown by the terrible Mahishasura. Surya, Indra, Agni, Yama, Varuna—all are defeated. We are now wandering on the earth like mortals. We have come to You for help. Kindly arrange for his destruction, for we have taken shelter in You."

Hearing these words of the Devas, Lord Vishnu was much wroth, and opened the middle of His eyebrows. Rudra also opened His third eye. Brahma also opened His angry eye. There was a great and powerful effulgence bursting forth from the foreheads of Brahma, Vishnu and Siva. Even from the foreheads of all Devas an effulgence burst forth. All these effulgences were united together to form a dreadful power which was looking like a big mountain in size. All the quarters were illumined by this Light, the essence of all the bodies of the celestials. That effulgence appeared in the form of a Woman, powerful and great. From the effulgence of Siva, Her face was formed. Out of the power of Yama, Her hairs were formed. Her hands were of the power of Vishnu, and Her legs were of the power of Brahma. Thus all the parts of Her body were formed out of the effulgent Power of one or the other among the gods.

She was the essence of all the celestial beings. All the Devas were very glad to look at Her.

All the Devas gave Her their respective important weapons in order to fight the Asuras. Siva gave Her His Trisula, Vishnu gave His Chakra, Varuna gave His Sankha, Agni gave His Sakti, Wind-god gave the bow and arrows, Indra gave His Vajra, Ghanta, Airavata, etc., Brahma gave His Kamandalu, Yama gave His sword. Various Devas gave Her their garlands, precious ornaments, waist-strings, rings, weapons, axes, lotuses, lions, rubies, gems, saries, drinking bowls, gorgeous paraphernalia of celestial power and glory. She roared once, and the whole sky and the earth began to tremble with shock. There was horrible echo, all the worlds began to shake, the oceans were disturbed, the heaven and the hell were trembling. The Devas said, "Hail, hail, O Powerful rider on the lion!" All the sages began to praise Her through various hymns.

The Asuras saw the dreadful form approaching them, and were unable to know what could that be. They immediately collected their army and stood against Devi. "Ah! What is this?", said Mahishasura in fear. He fell on Devi with all his followers in great fury. That Devi was covering the whole of the three worlds. Her bow and arrows produced such a fearful sound that the whole army of the Rakshasas began to lose strength in fear. She had thousands of hands with innumerable weapons. Then began the great fight between Devi and the Asuras. Chikshura and Chamara, the Commanders of the Asura army fought in the beginning with thousands of chariots. Then Udagra, another powerful Rakshasa, with his friend, Asiloma, came to Devi with crores of warriors surrounding Her from all sides. Bashkala came with a stream of thousands of elephants and horses. Vidala Asura came with fifty hundred weapons to destroy Devi. The chariots, elephants, horses and fighters on foot brought by Mahishasura had no number at all. They were so many that the whole world was not sufficient to hold them. But Devi was single with Her lion.

Then, Mahishasura himself came there with crores and crores of elephants and horses, weapons and warriors, to put an end to Devi. Some Asuras threw their missiles on Devi. Some threw their axes, some swords and some binding Astras. Devi destroyed them all in a moment as if in sportful play. She threw on them all Her divine weapons and in the twinkling of an eye such a huge Rakshasa army was reduced to the earth. As if the Lord of the fire in the forest, the Asura Mahisha fell on the lion of Devi with all his weapons. Through every breath of Devi came out innumerable warriors who fell on the Asuras and levelled them to the ground. Then Devi blew Her conch the sound of which broke the hearts of many Asuras. With Trisulas, Chakras, maces and other divine Astras, Devi threw down all the Asuras without mercy. There were mountains and mountains of dead Asuric bodies and rivers of blood began to flow from those mountains. Some Asuras were cut in two, some had broken their heads, some were rendered senseless, some were shorn to pieces, some began to vomit blood being heavily beaten. Heads of Asuras fell without number, some with and some without eyes. The ferocious lion of Devi tore the thighs of the Asuras and drank their blood to his heart's content. The commanders of the Asuras were killed. All the elephants, horses and chariots were crushed to pieces. Devi shone like the sun rising above the mountain of Asuras, while the Devas showered rains of flowers from above.

तृतीयोऽध्यायः

ध्यानम्

ॐ उद्यद्भानुसहस्रकान्तिमरुणक्षौमां शिरोमालिकां
रक्तालिप्तपयोधरां जपवटीं विद्यामभीतिं वरम्।
हस्ताब्जैर्दधतीं त्रिनेत्रविलसद्वक्त्रारविन्दश्रियं
देवीं बद्धहिमांशुरत्नमुकुटां वन्देऽरविन्दस्थिताम्।।

'ॐ' ऋषिरुवाच।।१।।

निहन्यमानं तत्सैन्यमवलोक्य महासुरः।
सेनानीश्चिक्षुरः कोपाद्ययौ योद्धुमथाम्बिकाम् ।।२।।

स देवीं शरवर्षेण ववर्ष समरेऽसुरः।
यथा मेरुगिरेः शृङ्गं तोयवर्षेण तोयदः ।।३।।

तस्यच्छित्वा ततो देवी लीलयैव शरोत्करान् ।
जघान तुरगान् बाणैर्यन्तारं चैव वाजिनाम् ।।४।।

चिच्छेद च धनुः सद्यो ध्वजं चातिसमुच्छ्रितम् ।
विव्याध चैव गात्रेषु छिन्नधन्वानमाशुगैः ।।५।।

सच्छिन्नधन्वा विरथो हताश्वो हतसारथिः।
अभ्यधावत तां देवीं खड्गचर्मधरोऽसुरः ।।६।।

सिंहमाहत्य खड्गेन तीक्ष्णधारेण मूर्धनि।
आजघान भुजे सव्ये देवीमप्यतिवेगवान् ।।७।।

तस्याः खड्गो भुजं प्राप्य पफाल नृपनन्दन।
ततो जग्राह शूलं स कोपादरुणलोचनः ॥८॥

चिक्षेप च ततस्तत्तु भद्रकाल्यां महासुरः।
जाज्वल्यमानं तेजोभी रविबिम्बमिवाम्बरात् ॥९॥

दृष्ट्वा तदापतच्छूलं देवी शूलममुञ्चत।
तच्छूलं शतधा तेन नीतं स च महासुरः ॥१०॥

हते तस्मिन्महावीर्ये महिषस्य चमूपतौ।
आजगाम गजारूढश्चामरस्त्रिदशार्दनः ॥११॥

सोऽपि शक्तिं मुमोचाथ देव्यास्तामम्बिका द्रुतम्।
हुंकाराभिहतां भूमौ पातयामास निष्प्रभाम् ॥१२॥

भग्नां शक्तिं निपतितां दृष्ट्वा क्रोधसमन्वितः।
चिक्षेप चामरः शूलं बाणैस्तदपि साच्छिनत् ॥१३॥

ततः सिंहः समुत्पत्य गजकुम्भान्तरे स्थितः।
बाहुयुद्धेन युयुधे तेनोच्चैस्त्रिदशारिणा ॥१४॥

युद्ध्यमानौ ततस्तौ तु तस्मान्नागान्महीं गतौ।
युयुधातेऽतिसंरब्धौ प्रहारैरतिदारुणैः ॥१५॥

ततो वेगात् खमुत्पत्य निपत्य च मृगारिणा।
करप्रहारेण शिरश्चामरस्य पृथक्कृतम् ॥१६॥

उदग्रश्च रणे देव्या शिलावृक्षादिभिर्हतः।
दन्तमुष्टितलैश्चैव करालश्च निपातितः ॥१७॥

देवी क्रुद्धा गदापातैश्चूर्णयामास चोद्धतम्।
वाष्कलं भिन्दिपालेन बाणैस्ताम्रं तथान्धकम् ॥१८॥

उग्रास्यमुग्रवीर्यं च तथैव च महाहनुम्।
त्रिनेत्रा च त्रिशूलेन जघान परमेश्वरी ।।१९।।

बिडालस्यासिना कायात्पातयामास वै शिरः।
दुर्धरं दुर्मुखं चोभौ शरैर्निन्ये यमक्षयम् ।।२०।।

एवं संक्षीयमाणे तु स्वसैन्ये महिषासुरः।
माहिषेण स्वरूपेण त्रासयामास तान् गणान् ।।२१।।

कांश्चित्तुण्डप्रहारेण खुरक्षेपैस्तथापरान्।
लाङ्गूलताडितांश्चान्याञ्छृङ्गाभ्यां च विदारितान् ।।२२।।

वेगेन कांश्चिदपरान्नादेन भ्रमणेन च।
निःश्वासपवनेनान्यान् पातयामास भूतले ।।२३।।

निपात्य प्रमथानीकमभ्यधावत सोऽसुरः।
सिंहं हन्तुं महादेव्याः कोपं चक्रे ततोऽम्बिका ।।२४।।

सोऽपि कोपान्महावीर्यः खुरक्षुण्णमहीतलः।
शृङ्गाभ्यां पर्वतानुच्चांश्चिक्षेप च ननाद च ।।२५।।

वेगभ्रमणविक्षुण्णा मही तस्य व्यशीर्यत।
लाङ्गूलेनाहतश्चाब्धिः प्लावयामास सर्वतः ।।२६।।

धुतशृङ्गविभिन्नाश्च खण्डं खण्डं ययुर्घनाः।
श्वासानिलास्ताः शतशो निपेतुर्नभसोऽचलाः ।।२७।।

इति क्रोधसमाध्मातमापतन्तं महासुरम्।
दृष्ट्वा सा चण्डिका कोपं तद्वधाय तदाकरोत् ।।२८।।

सा क्षिप्त्वा तस्य वै पाशं तं बबन्ध महासुरम्।
तत्याज माहिषं रूपं सोऽपि बद्धो महामृधे ।।२९।।

ततः सिंहोऽभवत्सद्यो यावत्तस्याम्बिका शिरः ।
छिनत्ति तावत्पुरुषः खड्गपाणिरदृश्यत ॥३०॥

तत एवाशु पुरुषं देवी चिच्छेद सायकैः ।
तं खड्गचर्मणा सार्धं ततः सोऽभून्महागजः ॥३१॥

करेण च महासिंहं तं चकर्ष जगर्ज च ।
कर्षतस्तु करं देवी खड्गेन निरकृन्तत ॥३२॥

ततो महासुरो भूयो माहिषं वपुरास्थितः ।
तथैव क्षोभयामास त्रैलोक्यं सचराचरम् ॥३३॥

ततः क्रुद्धा जगन्माता चण्डिका पानमुत्तमम् ।
पपौ पुनः पुनश्चैव जहासारुणलोचना ॥३४॥

ननर्द चासुरः सोऽपि बलवीर्यमदोद्धतः ।
विषाणाभ्यां च चिक्षेप चण्डिकां प्रति भूधरान् ॥३५॥

सा च तान् प्रहितांस्तेन चूर्णयन्ती शरोत्करैः ।
उवाच तं महोद्धूतमुखरागाकुलाक्षरम् ॥३६॥

देव्युवाच ॥३७॥

गर्ज गर्ज क्षणं मूढ मधु यावत्पिबाम्यहम् ।
मया त्वयि हतेऽत्रैव गर्जिष्यन्त्याशु देवताः ॥३८॥

ऋषिरुवाच ॥३९॥

एवमुक्त्वा समुत्पत्य साऽऽरूढा तं महासुरम् ।
पादेनाक्रम्य कण्ठे च शूलेनैनमताडयत् ॥४०॥

ततः सोऽपि पदाऽऽक्रान्तस्तया निजमुखात्ततः ।
अर्धनिष्क्रान्त एवासीद् देव्या वीर्येण संवृतः ॥४१॥

अर्धनिष्क्रान्त एवासौ युध्यमानो महासुरः ।
तया महासिना देव्या शिरच्छित्त्वा निपातितः ॥४२॥

ततो हाहाकृतं सर्वं दैत्यसैन्यं ननाश तत् ।
प्रहर्षं च परं जग्मुः सकला देवतागणाः ॥४३॥

तुष्टुवुस्तां सुरा देवीं सह दिव्यैर्महर्षिभिः ।
जगुर्गन्धर्वपतयो ननृतुश्चाप्सरोगणाः ॥ॐ॥४४॥

इति श्रीमार्कण्डेयपुराणे सावर्णिके मन्वन्तरे देवीमाहात्म्ये
महिषासुरवधो नाम तृतीयोऽध्यायः ॥३॥

THE THIRD CHAPTER

The charioteer of Mahishasura teased Devi in all possible ways and tried to kill Her lion at a stroke. She got extremely angry at this act of the Asura and with one stroke of Her Trisula cut off his hand and threw it hundred miles away. Seeing this, Chamara, the companion of Mahisha, came with his great missile. But with one "Hum" sound from Her mouth, Devi burnt the missile to ashes. Devi jumped into the sky and slashed his head from the body. Then Udagra came with many trees in his hands to beat them on Devi. Devi, filled with rage, powdered the body of Udagra in no time. Karala, Bashkala, Durdhara, Durmukha, Vidala, all were sent to the abode of Yama by the hands of the Great Devi.

This was high time for Mahishasura to fall on Devi in person. All his assistants were slain and he had no other help. He assumed the form of a ferocious buffalo and harassed Devi with his great might. With a powerful blow of his tail, horns and hoofs, he created a dreadful sound that shook the earth. He fell on the lion of Devi with rage and struck the lion with a mighty sword. The lion roared horribly and in no time the Asura saw that his legs were torn by the lion. With one stroke of Mahisha's tail, the oceans were scattered in the air and it seemed as if the world would come to an end. With the kicks given by his horns, the clouds were broken to pieces and were thrown to all directions. The earth was broken by his hoofs and the sight was simply dreadful. When Devi was about to kill him, he assumed the form of a lion and fell upon Devi; immediately he again took the form of the Rakshasa with a sword in his hand and fell upon Devi. Devi threw Her weapons upon Mahishasura but immediately he became a huge elephant and fell on Devi. But the lion of Devi fell upon the elephant and immediately the Asura took the form of a buffalo. Then the Mother of the worlds opened Her red eyes with fury and roared once again and said, "O wicked Asura! Roar, roar! Your end is near. I shall drink your blood with joy. Come on. I shall please the Devas now."

The sage said: Thus saying, Devi caught hold of his neck, and tore his legs into two. There was the sound of "Ha, Ha" in the Asura army when Mahishasura was killed. There was great joy among the Devas. The Devas praised Devi for Her valour and victory. Gandharvas sang and Apsaras danced.

चतुर्थोऽध्यायः

ध्यानम्

ॐ कालाभ्राभां कटाक्षैररिकुलभयदां मौलिबद्धेन्दुरेखां
शंखं चक्रं कृपाणं त्रिशिखमपि करैरुद्वहन्तीं त्रिनेत्राम् ।
सिंहस्कन्धाधिरूढां त्रिभुवनमखिलं तेजसा पूरयन्तीं
ध्यायेद् दुर्गां जयाख्यां त्रिदशपरिवृतां सेवितां सिद्धिकामैः ।।

'ॐ' ऋषिरुवाच ।।१ ।।

शक्रादयः सुरगणा निहतेऽतिवीर्ये
तस्मिन्दुरात्मनि सुरारिबले च देव्या ।
तां तुष्टुवुः प्रणतिनम्रशिरोधरांसा
वाग्भिः प्रहर्षपुलकोद्गमचारुदेहाः ।।२ ।।

देव्या यया ततमिदं जगदात्मशक्त्या
निश्शेषदेवगणशक्तिसमूहमूर्त्या ।
तामम्बिकामखिलदेवमहर्षिपूज्यां
भक्त्या नताः स्म विदधातु शुभानि सा नः ।।३ ।।

यस्याः प्रभवमतुलं भगवाननन्तो
ब्रह्मा हरश्च न हि वक्तुमलं बलं च ।
सा चण्डिकाखिलजगत्परिपालनाय
नाशाय चाशुभभयस्य मतिं करोतु ।।४ ।।

या श्रीः स्वयं सुकृतिनां भवनेष्वलक्ष्मीः
पापात्मनां कृतधियां हृदयेषु बुद्धिः।
श्रद्धा सतां कुलजनप्रभवस्य लज्जा।
तां त्वां नताः स्म परिपालय देवि विश्वम् ॥५॥

किं वर्णयाम तव रूपमचिन्त्यमेतत्
किं चातिवीर्यमसुरक्षयकारि भूरि।
किं चाहवेषु चरितानि तवाद्भुतानि
सर्वेषु देव्यसुरदेवगणादिकेषु ॥६॥

हेतुः समस्तजगतां त्रिगुणापि दोषै-
र्न ज्ञायसे हरिहरादिभिरप्यपारा।
सर्वाश्रयाखिलमिदं जगदंशभूत-
मव्याकृता हि परमा प्रकृतिस्त्वमाद्या ॥७॥

यस्याः समस्तसुरता समुदीरणेन
तृप्तिं प्रयाति सकलेषु मखेषु देवि।
स्वाहासि वै पितृगणस्य च तृप्तिहेतु-
रुच्चार्यसे त्वमत एव जनैः स्वधा च ॥८॥

या मुक्तिहेतुरविचिन्त्यमहाव्रता त्व-
मभ्यस्यसे सुनियतेन्द्रियतत्त्वसारैः।
मोक्षार्थिभिर्मुनिभिरस्तसमस्तदोषै-
र्विद्यासि सा भगवती परमा हि देवि ॥९॥

शब्दात्मिका सुविमलर्ग्यजुषां निधान-
मुद्गीथरम्यपदपाठवतां च साम्नाम्।
देवी त्रयी भगवती भवभावनाय
वार्ता च सर्वजगतां परमार्तिहन्त्री ॥१०॥

मेधासि देवि विदिताखिलशास्त्रसारा
दुर्गासि दुर्गभवसागरनौरसंगा।
श्रीः कैटभारिहृदयैककृताधिवासा
गौरी त्वमेव शशिमौलिकृतप्रतिष्ठा ॥११॥

ईषत्सहासममलं परिपूर्णचन्द्र-
बिम्बानुकारि कनकोत्तमकान्तिकान्तम्।
अत्यद्भुतं प्रहृतमात्तरुषा तथापि
वक्त्रं विलोक्य सहसा महिषासुरेण ॥१२॥

दृष्ट्वा तु देवि कुपितं भ्रुकुटीकराल-
मुद्यच्छशांकसदृशच्छवि यन्न सद्यः।
प्राणान्मुमोच महिषस्तदतीव चित्रं
कैर्जीव्यते हि कुपितान्तकदर्शनेन ॥१३॥

देवि प्रसीद परमा भवती भवाय
सद्यो विनाशयसि कोपवती कुलानि।
विज्ञातमेतदधुनैव यदस्तमेत-
न्नीतं बलं सुविपुलं महिषासुरस्य ॥१४॥

ते सम्मता जनपदेषु धनानि तेषां
तेषां यशांसि न च सीदति धर्मवर्गः।
धन्यास्त एव निभृतात्मजभृत्यदारा
येषां सदाभ्युदयदा भवती प्रसन्ना ॥१५॥

धर्म्याणि देवि सकलानि सदैव कर्मा-
ण्यत्यादृतः प्रतिदिनं सुकृती करोति।
स्वर्गं प्रयाति च ततो भवतीप्रसादा-
ल्लोकत्रयेऽपि फलदा ननु देवि तेन ॥१६॥

दुर्गे स्मृता हरसि भीतिमशेषजन्तोः
स्वस्थैः स्मृता मतिमतीव शुभां ददासि।
दारिद्र्यदुःखभयहारिणि का त्वदन्या
सर्वोपकारकरणाय सदाऽऽर्द्रचित्ता ॥१७॥

एभिर्हतैर्जगदुपैति सुखं तथैते
कुर्वन्तु नाम नरकाय चिराय पापम्।
संग्राममृत्युमधिगम्य दिवं प्रयान्तु
मत्वेति नूनमहितान् विनिहंसि देवि ॥१८॥

दृष्ट्वैव किं न भवती प्रकरोति भस्म
सर्वासुरानरिषु यत्प्रहिणोषि शस्त्रम्।
लोकान् प्रयान्तु रिपवोऽपि हि शस्त्रपूता
इत्थं मतिर्भवति तेष्वपि तेऽतिसाध्वी ॥१९॥

खड्गप्रभानिकरविस्फुरणैस्तथोग्रैः
शूलाग्रकान्तिनिवहेन दृशोऽसुराणाम्।
यन्नागता विलयमंशुमदिन्दुखण्ड-
योग्याननं तव विलोकयतां तदेतत् ॥२०॥

दुर्वृत्तवृत्तशमनं तव देवि शीलं
रूपं तथैतदविचिन्त्यमतुल्यमन्यैः।
वीर्यं च हन्तृ हृतदेवपराक्रमाणां
वैरिष्वपि प्रकटितैव दया त्वयेत्थम् ॥२१॥

केनोपमा भवतु तेऽस्य पराक्रमस्य
रूपं च शत्रुभयकार्यतिहारि कुत्र।
चित्ते कृपा समरनिष्ठुरता च दृष्टा
त्वय्येव देवि वरदे भुवनत्रयेऽपि ॥२२॥

त्रैलोक्यमेतदखिलं रिपुनाशनेन
त्रातं त्वया समरमूर्धनि तेऽपि हत्वा।
नीता दिवं रिपुगणा भयमप्यपास्त-
मस्माकमुन्मदसुरारिभवं नमस्ते ।।२३।।

शूलेन पाहि नो देवि पाहि खड्गेन चाम्बिके।
घण्टास्वनेन नः पाहि चापज्यानिःस्वनेन च ।।२४।।

प्राच्यां रक्ष प्रतीच्यां च चण्डिके रक्ष दक्षिणे।
भ्रामणेनात्मशूलस्य उत्तरस्यां तथेश्वरि ।।२५।।

सौम्यानि यानि रूपाणि त्रैलोक्ये विचरन्ति ते।
यानि चात्यर्थघोराणि तै रक्षास्मांस्तथा भुवम् ।।२६।।

खड्गशूलगदादीनि यानि चास्त्राणि तेऽम्बिके।
करपल्लवसङ्गीनि तैरस्मान् रक्ष सर्वतः ।।२७।।

ऋषिरुवाच ।।२८।।

एवं स्तुता सुरैर्दिव्यैः कुसुमैर्नन्दनोद्भवैः।
अर्चिता जगतां धात्री तथा गन्धानुलेपनैः ।।२९।।

भक्त्या समस्तैस्त्रिदशैर्दिव्यैर्धूपैः सुधूपिता।
प्राह प्रसादसुमुखी समस्तान् प्रणतान् सुरान् ।।३०।।

देव्युवाच ।।३१।।

व्रियतां त्रिदशाः सर्वे यदस्मत्तोऽभिवाञ्छितम् ।।३२।।
(ददाम्यहमतिप्रीत्या स्तवैरेभिः सुपूजिता।)

देवा ऊचुः ।।३३।।

भगवत्या कृतं सर्वं न किंचिदवशिष्यते।
यदयं निहतः शत्रुरस्माकं महिषासुरः ।।३४।।

यदि चापि वरो देयस्त्वयास्माकं महेश्वरि।
संस्मृता संस्मृता त्वं नो हिंसेथाः परमापदः ॥३५॥

यश्च मर्त्यः स्तवैरेभिस्त्वां स्तोष्यत्यमलानने।
तस्य वित्तर्द्धिविभवैर्धनदारादिसम्पदाम् ॥३६॥

वृद्धयेऽस्मत्प्रसन्ना त्वं भवेथाः सर्वदाम्बिके ॥३७॥

ऋषिरुवाच ॥३८॥

इति प्रसादिता देवैर्जगतोऽर्थे तथाऽऽत्मनः।
तथेत्युक्त्वा भद्रकाली बभूवान्तर्हिता नृप ॥३९॥

इत्येतत्कथितं भूप सम्भूता सा यथा पुरा।
देवी देवशरीरेभ्यो जगत्त्रयहितैषिणी ॥४०॥

पुनश्च गौरी देहा सा समुद्भूता यथाभवत्।
वधाय दुष्टदैत्यानां तथा शुम्भनिशुम्भयोः ॥४१॥

रक्षणाय च लोकानां देवानामुपकारिणी।
तच्छृणुष्व मयाऽऽख्यातं यथावत्कथयामि ते ॥ह्रीं ॐ॥४२॥

इति श्रीमार्कण्डेयपुराणे सावर्णिके मन्वन्तरे देवीमाहात्म्ये
शक्रादिस्तुतिर्नाम चतुर्थोऽध्यायः ॥४॥

THE FOURTH CHAPTER

When the Asura was killed, all the Devas with Brahma as their head, came to Devi, and praised Her with these words:

"Who as the Soul of all the worlds and the all-pervading Power, sustains all, to that Ambika, worshipped by sages and gods we offer our prostrations. May She bestow blessedness on us all! Whose depth cannot be reached by Brahma, Vishnu and Siva, to that Chandika, the mother of the worlds, we offer our devoted prayers. Who is prosperity, in the houses of the good, who is the destroying poverty in the houses of the wicked, who is the wicked mind in the hearts of the sinners, to Thee, O Devi, we offer our devotional salutations. O Devi, how can we praise Thee? Thou art the cause of all the worlds, the Para-Prakriti, the all-pervading essence. Thou art Moksha, Thou art Vidya which gives Moksha. Thou art Rik, Yajus and Sama, Thou art the destroyer of sorrow. O Devi, Thou art intelligence, Thou art the essence of all Sastras, Thou art Durga who is the boat to cross the ocean of Samsara. Thou art Gouri, Lakshmi, Sarasvati! O, how beautiful, but how dreadful you are! Glory, glory to Thee! Indeed, fortunate are those devotees on whom Thy full grace descends at all times. What else do they want? By mere remembrance, O Durga, Thou givest salvation to the devoted. Thou destroyest their fear, givest good intellect to them, and removest their poverty. Thou art so merciful O Devi! With the idea of giving good life in heaven to those poor Jivas, you have destroyed these Asuras with Your own hands O Devi! Why do you take such a time? Why can't you reduce them all to ashes in the twinkling of an eye? Salutations, Salutations to Thee, O Devi! You have destroyed the troublesome Asuras and brought Peace to the whole world. What greater glorious deed can there possibly be? Protect us, O protect us from all sides. From front, from behind, from right, from left, from up and from below, protect us."

Thus praised by the Devas and worshipped by them, with all the sixteen methods, Devi said with a smiling face, "O Devas! Ask from Me any boon, I shall give that to you all." The Devas said, "There is nothing which Devi has not done. For the sake of us, You have killed Mahishasura. If You would give us a boon, then may You come and destroy our troubles whenever we think of You. May whoever prays to Thee with these hymns prosper in all ways." The sage said: Thus being offered Stotras by the Devas, the Devi said, 'Be it so' and vanished from sight. Thus I have told you the great glory of Devi who is the loving Mother of all worlds. Again She was born through the body of Gouri in order to kill Sumbha and Nisumbha, to restore Dharma on earth, and to help the Devas. Hear from me these stories.

अथ उत्तरचरितम्

पञ्चमोऽध्यायः

विनियोगः

ॐ अस्य श्रीउत्तरचरित्रस्य रुद्रऋषिः, महासरस्वती देवता, अनुष्टुप् छन्दः, भीमा शक्तिः, भ्रामरी बीजम्, सूर्यस्तत्त्वम्, सामवेदः स्वरूपम्, महासरस्वतीप्रीत्यर्थे उत्तरचरित्रपाठे विनियोगः।

ध्यानम्

ॐ घण्टाशूलहलानि शंखमुसले चक्रं धनुः सायकं
हस्ताब्जैर्दधतीं घनान्तविलसच्छीतांशुतुल्यप्रभाम्।
गौरीदेहसमुद्भवां त्रिजगतामाधारभूतां महा-
पूर्वामत्र सरस्वतीमनुभजे शुम्भादिदैत्यार्दिनीम्॥

'ॐ क्लीं' ऋषिरुवाच॥१॥

पुरा शुम्भनिशुम्भाभ्यामसुराभ्यां शचीपतेः।
त्रैलोक्यं यज्ञभागाश्च हृता मदबलाश्रयात् ॥२॥

तावेव सूर्यतां तद्वदधिकारं तथैन्दवम्।
कौबेरमथ याम्यं च चक्राते वरुणस्य च ॥३॥

तावेव पवनर्द्धिं च चक्रतुर्वह्निकर्म च ।
ततो देवा विनिर्धूता भ्रष्टराज्याः पराजिताः ॥४॥
हृताधिकारास्त्रिदशास्ताभ्यां सर्वे निराकृताः ।
महासुराभ्यां तां देवीं संस्मरन्त्यपराजिताम् ॥५॥
तयास्माकं वरो दत्तो यथाऽऽपत्सु स्मृताखिलाः ।
भवतां नाशयिष्यामि तत्क्षणात्परमापदः ॥६॥
इति कृत्वा मतिं देवा हिमवन्तं नगेश्वरम् ।
जग्मुस्तत्र ततो देवीं विष्णुमायां प्रतुष्टुवुः ॥७॥

देवा ऊचुः ॥८॥

नमो देव्यै महादेव्यै शिवायै सततं नमः ।
नमः प्रकृत्यै भद्रायै नियताः प्रणताः स्म ताम् ॥९॥
रौद्रायै नमो नित्यायै गौर्यै धात्र्यै नमो नमः ।
ज्योत्स्नायै चेन्दुरूपिण्यै सुखायै सततं नमः ॥१०॥
कल्याण्यै प्रणतां वृद्ध्यै सिद्ध्यै कुर्मो नमो नमः ।
नैर्ऋत्यै भूभृतां लक्ष्म्यै शर्वाण्यै ते नमो नमः ॥११॥
दुर्गायै दुर्गपारायै सारायै सर्वकारिण्यै ।
ख्यात्यै तथैव कृष्णायै धूम्रायै सततं नमः ॥१२॥
अतिसौम्यातिरौद्रायै नतास्तस्यै नमो नमः ।
नमो जगत्प्रतिष्ठायै देव्यै कृत्यै नमो नमः ॥१३॥
या देवी सर्वभूतेषु विष्णुमायेति शब्दिता ।
नमस्तस्यै, नमस्तस्यै, नमस्तस्यै नमो नमः ॥१४-१६॥

या देवी सर्वभूतेषु चेतनेत्यभिधीयते।
नमस्तस्यै, नमस्तस्यै, नमस्तस्यै नमो नमः ॥१७-१९॥

या देवी सर्वभूतेषु बुद्धिरूपेण संस्थिता।
नमस्तस्यै, नमस्तस्यै, नमस्तस्यै नमो नमः ॥२०-२२॥

या देवी सर्वभूतेषु निद्रारूपेण संस्थिता।
नमस्तस्यै, नमस्तस्यै, नमस्तस्यै नमो नमः ॥२३-२५॥

या देवी सर्वभूतेषु क्षुधारूपेण संस्थिता।
नमस्तस्यै, नमस्तस्यै, नमस्तस्यै नमो नमः ॥२६-२८॥

या देवी सर्वभूतेषु छायारूपेण संस्थिता।
नमस्तस्यै, नमस्तस्यै, नमस्तस्यै नमो नमः ॥२९-३१॥

या देवी सर्वभूतेषु शक्तिरूपेण संस्थिता।
नमस्तस्यै, नमस्तस्यै, नमस्तस्यै नमो नमः ॥३२-३४॥

या देवी सर्वभूतेषु तृष्णारूपेण संस्थिता।
नमस्तस्यै, नमस्तस्यै, नमस्तस्यै नमो नमः ॥३५-३७॥

या देवी सर्वभूतेषु क्षान्तिरूपेण संस्थिता।
नमस्तस्यै, नमस्तस्यै, नमस्तस्यै नमो नमः ॥३८-४०॥

या देवी सर्वभूतेषु जातिरूपेण संस्थिता।
नमस्तस्यै, नमस्तस्यै, नमस्तस्यै नमो नमः ॥४१-४३॥

या देवी सर्वभूतेषु लज्जारूपेण संस्थिता।
नमस्तस्यै, नमस्तस्यै, नमस्तस्यै नमो नमः ॥४४-४६॥

या देवी सर्वभूतेषु शान्तिरूपेण संस्थिता।
नमस्तस्यै, नमस्तस्यै, नमस्तस्यै नमो नमः ॥४७-४९॥

या देवी सर्वभूतेषु श्रद्धारूपेण संस्थिता।
नमस्तस्यै, नमस्तस्यै, नमस्तस्यै नमो नमः ॥५०-५२॥

या देवी सर्वभूतेषु कान्तिरूपेण संस्थिता।
नमस्तस्यै, नमस्तस्यै, नमस्तस्यै नमो नमः ॥५३-५५॥

या देवी सर्वभूतेषु लक्ष्मीरूपेण संस्थिता।
नमस्तस्यै, नमस्तस्यै, नमस्तस्यै नमो नमः ॥५६-५८॥

या देवी सर्वभूतेषु वृत्तिरूपेण संस्थिता।
नमस्तस्यै, नमस्तस्यै, नमस्तस्यै नमो नमः ॥५९-६१॥

या देवी सर्वभूतेषु स्मृतिरूपेण संस्थिता।
नमस्तस्यै, नमस्तस्यै, नमस्तस्यै नमो नमः ॥६२-६४॥

या देवी सर्वभूतेषु दयारूपेण संस्थिता।
नमस्तस्यै, नमस्तस्यै, नमस्तस्यै नमो नमः ॥६५-६७॥

या देवी सर्वभूतेषु तुष्टिरूपेण संस्थिता।
नमस्तस्यै, नमस्तस्यै, नमस्तस्यै नमो नमः ॥६८-७०॥

या देवी सर्वभूतेषु मातृरूपेण संस्थिता।
नमस्तस्यै, नमस्तस्यै, नमस्तस्यै नमो नमः ॥७१-७३॥

या देवी सर्वभूतेषु भ्रान्तिरूपेण संस्थिता।
नमस्तस्यै, नमस्तस्यै, नमस्तस्यै नमो नमः ॥७४-७६॥

इन्द्रियाणामधिष्ठात्री भूतानां चाखिलेषु या।
भूतेषु सततं तस्यै व्याप्तिदेव्यै नमो नमः ॥७७॥

चितिरूपेण या कृत्स्नमेतद् व्याप्य स्थिता जगत्।
नमस्तस्यै, नमस्तस्यै, नमस्तस्यै नमो नमः ॥७८-८०॥

स्तुता सुरैः पूर्वमभीष्टसंश्रयात्तथा सुरेन्द्रेण दिनेषु सेविता।
करोतु सा नः शुभहेतुरीश्वरी शुभानि भद्राण्यभिहन्तु चापदः ।।८१।।
या साम्प्रतं चोद्धतदैत्यतापितैरस्माभिरीशा च सुरैर्नमस्यते।
या च स्मृता तत्क्षणमेव हन्ति नः सर्वापदो भक्तिविनम्रमूर्तिभिः ।।८२।।

ऋषिरुवाच ।।८३।।

एवं स्तवादियुक्तानां देवानां तत्र पार्वती।
स्नातुमभ्याययौ तोये जाह्नव्या नृपनन्दन ।।८४।।
साब्रवीत्तान् सुरान् सुभ्रूर्भवद्भिः स्तूयतेऽत्र का।
शरीरकोशतश्चास्याः समुद्भूताब्रवीच्छिवा ।।८५।।
स्तोत्रं ममैतत् क्रियते शुम्भदैत्यनिराकृतैः।
देवैः समेतैः समरे निशुम्भेन पराजितैः ।।८६।।
शरीरकोशाद्यत्तस्याः पार्वत्या निःसृताम्बिका।
कौशिकीति समस्तेषु ततो लोकेषु गीयते ।।८७।।
तस्यां विनिर्गतायां तु कृष्णाभूत्सापि पार्वती।
कालिकेति समाख्याता हिमाचलकृताश्रया ।।८८।।
ततोऽम्बिकां परं रूपं बिभ्राणां सुमनोहरम् ।
ददर्श चण्डो मुण्डश्च भृत्यौ शुम्भनिशुम्भयोः ।।८९।।
ताभ्यां शुम्भाय चाख्याता अतीव सुमनोहरा।
काप्यास्ते स्त्री महाराज भासयन्ती हिमाचलम् ।।९०।।
नैव तादृक् क्वचिद्रूपं दृष्टं केनचिदुत्तमम् ।
ज्ञायतां काप्यसौ देवी गृह्यतां चासुरेश्वर ।।९१।।

स्त्रीरत्नमतिचार्वङ्गी द्योतयन्ती दिशस्त्विषा।
सा तु तिष्ठति दैत्येन्द्र तां भवान् द्रष्टुमर्हति ॥९२॥
यानि रत्नानि मणयो गजाश्वादीनि वै प्रभो।
त्रैलोक्ये तु समस्तानि साम्प्रतं भान्ति ते गृहे ॥९३॥
ऐरावतः समानीतो गजरत्नं पुरन्दरात् ।
पारिजाततरुश्चायं तथैवोच्चैःश्रवा हयः ॥९४॥
विमानं हंससंयुक्तमेतत्तिष्ठति तेऽङ्गणे।
रत्नभूतमिहानीतं यदासीद्वेधसोऽद्भुतम् ॥९५॥
निधिरेष महापद्मः समानीतो धनेश्वरात् ।
किञ्जल्किनीं ददौ चाब्धिर्मालामम्लानपंकजाम् ॥९६॥
छत्रं ते वारुणं गेहे काञ्चनस्त्रावि तिष्ठति।
तथायं स्यन्दनवरो यः पुराऽऽसीत्प्रजापतेः ॥९७॥
मृत्योरुत्क्रान्तिदा नाम शक्तिरीश त्वया हृता।
पाशः सलिलराजस्य भ्रातुस्तव परिग्रहे ॥९८॥
निशुम्भस्याब्धिजाताश्च समस्ता रत्नजातयः।
वह्निरपि ददौ तुभ्यमग्निशौचे च वाससी ॥९९॥
एवं दैत्येन्द्र रत्नानि समस्तान्याहृतानि ते।
स्त्रीरत्नमेषा कल्याणी त्वया कस्मान्न गृह्यते ॥१००॥

ऋषिरुवाच ॥१०१॥

निशम्येति वचः शुम्भः स तदा चण्डमुण्डयोः।
प्रेषयामास सुग्रीवं दूतं देव्या महासुरम् ॥१०२॥

इति चेति च वक्तव्या सा गत्वा वचनान्मम ।
यथा चाभ्येति सम्प्रीत्या तथा कार्यं त्वया लघु ॥१०३॥

स तत्र गत्वा यत्रास्ते शैलोद्देशेऽतिशोभने ।
सा देवी तां ततः प्राह श्लक्ष्णं मधुरया गिरा ॥१०४॥

दूत उवाच ॥१०५॥

देवि दैत्येश्वरः शुम्भस्त्रैलोक्ये परमेश्वरः ।
दूतोऽहं प्रेषितस्तेन त्वत्सकाशमिहागतः ॥१०६॥

अव्याहताज्ञः सर्वासु यः सदा देवयोनिषु ।
निर्जिताखिलदैत्यारिः स यदाह शृणुष्व तत् ॥१०७॥

मम त्रैलोक्यमखिलं मम देवा वशानुगाः ।
यज्ञभागानहं सर्वानुपाश्नामि पृथक् पृथक् ॥१०८॥

त्रैलोक्ये वररत्नानि मम वश्यान्यशेषतः ।
तथैव गजरत्नं च हृत्वा देवेन्द्रवाहनम् ॥१०९॥

क्षीरोदमथनोद्भूतमश्वरत्नं ममामरैः ।
उच्चैःश्रवससंज्ञं तत्प्रणिपत्य समर्पितम् ॥११०॥

यानि चान्यानि देवेषु गन्धर्वेषूरगेषु च ।
रत्नभूतानि भूतानि तानि मय्येव शोभने ॥१११॥

स्त्रीरत्नभूतां त्वां देवि लोके मन्यामहे वयम् ।
सा त्वमस्मानुपागच्छ यतो रत्नभुजो वयम् ॥११२॥

मां वा ममानुजं वापि निशुम्भमुरुविक्रमम् ।
भज त्वं चञ्चलापाङ्गि रत्नभूतासि वै यतः ॥११३॥

परमैश्वर्यमतुलं प्राप्स्यसे मत्परिग्रहात् ।
एतद् बुद्ध्या समालोच्य मत्परिग्रहतां व्रज ॥११४॥

ऋषिरुवाच ॥११५॥

इत्युक्ता सा तदा देवी गम्भीरान्तःस्मिता जगौ।
दुर्गा भगवती भद्रा ययेदं धार्यते जगत् ॥११६॥

देव्युवाच ॥११७॥

सत्यमुक्तं त्वया नात्र मिथ्या किंचित्त्वयोदितम् ।
त्रैलोक्याधिपतिः शुम्भो निशुम्भश्चापि तादृशः ॥११८॥

किं त्वत्र यत्प्रतिज्ञातं मिथ्या तत्क्रियते कथम् ।
श्रूयतामल्पबुद्धित्वात्प्रतिज्ञा या कृता पुरा ॥११९॥

यो मां जयति संग्रामे यो मे दर्पं व्यपोहति।
यो मे प्रतिबलो लोके स मे भर्ता भविष्यति ॥१२०॥

तदागच्छतु शुम्भोऽत्र निशुम्भो वा महासुरः।
मां जित्वा किं चिरेणात्र पाणिं गृह्णातु मे लघु ॥१२१॥

दूत उवाच ॥१२२॥

अवलिप्तासि मैवं त्वं देवि ब्रूहि ममाग्रतः।
त्रैलोक्ये कः पुमांस्तिष्ठेदग्रे शुम्भनिशुम्भयोः ॥१२३॥

अन्येषामपि दैत्यानां सर्वे देवा न वै युधि।
तिष्ठन्ति सम्मुखे देवि किं पुनः स्त्री त्वमेकिका ॥१२४॥

इन्द्राद्याः सकला देवास्तस्थुर्येषां न संयुगे।
शुम्भादीनां कथं तेषां स्त्री प्रयास्यसि सम्मुखम् ॥१२५॥

सा त्वं गच्छ मयैवोक्ता पार्श्वं शुम्भनिशुम्भयोः ।
केशाकर्षणनिर्धूतगौरवा मा गमिष्यसि ॥१२६॥

देव्युवाच ॥१२७॥

एवमेतद् बली शुम्भो निशुम्भश्चातिवीर्यवान् ।
किं करोमि प्रतिज्ञा मे यदनालोचिता पुरा ॥१२८॥

स त्वं गच्छ मयोक्तं ते यदेतत्सर्वमादृतः ।
तदाचक्ष्वासुरेन्द्राय स च युक्तं करोतु तत् ॥ॐ॥१२९॥

इति श्रीमार्कण्डेयपुराणे सावर्णिके मन्वन्तरे देवीमाहात्म्ये
देव्या दूतसंवादो नाम पञ्चमोऽध्यायः ॥५॥

UTTARA CHARITAM

THE FIFTH CHAPTER

In olden days the demons Sumbha and Nisumbha, due to the power of the boon from Brahma obtained by them through penance, drove away Indra from his heaven and became the overlords of all the worlds. They controlled the positions of Surya, Yama, Varuna, Agni and all other gods. They began to do the work of Wind even and so there was no work for the gods who were forcibly driven out from their posts. The Asuras began to tease the inhabitants of the three worlds and there was great unrest everywhere. The gods became very much dejected at heart and prayed to Mahamaya who had promised them that She would come to their help whenever they were in trouble and whenever they thought of Her with devotion. Remembering this fact, all the Devas retreated to Himavan and there offered a sincere prayer to the Great Mother, Vishnumaya.

The Devas said, "Salutations to the blessed Mother Devi, the great Devi; salutations again and again to Prakriti, the auspicious; salutations, salutations! Prostrations to the dreadful, the eternal, the pure, the effulgent Devi. Prostrations to Durga, the Essence, the Doer of everything here, the most beautiful among the beautiful, the most dreadful among the dreadful, salutations, salutations! Prostrations to that Devi who is called Vishnumaya among all creatures. Prostrations, prostrations! Again and again salutations to Her who is called among all beings as Consciousness, as Intellect, as Sleep, as Hunger, as Shadow, as Power, as Thirst, as Forbearance, as Caste, as Shyness, as Peace, as Faith, as Beauty, as Prosperity, as Effort, as Memory, as Mercy, as Contentment, as Mother, as

Delusion, and who is called among beings as the Sustainer of all, to Her let our salutations be! May that Devi bestow blessings upon us, the helpless Devas!"

The sage said: Just then Parvati was coming there for Her daily bath in the Ganga. She saw the Devas there offering their prayers and asked them to whom they were praying with such grief and anxiety. When She was talking like this, there instantaneously came out of Her body a marvellous figure of inexpressible splendour, and told Parvati thus: "These Devas have been defeated by Sumbha and Nisumbha. They are praying to Me for My help. I am Durga, the Power of this world." As She came out of the Kosha (body) of Parvati, She has been called 'Kaushiki'. The Devas were glad to see the glorious Mahamaya coming to their safety and all saluted Her with bowed heads. "Go ye all, O Devas, I shall see to the matter," said the glorious Mother. The gods returned from the place and the great Devi was sitting on a tree in the Himavat Mountains.

Just then there came by chance, Chanda and Munda, the body-guards of Sumbha and Nisumbha, loitering in the Himalayan forests. They saw the extremely beautiful Devi sitting on a tree and were enchanted by Her glamour of youth. They immediately ran to their lord Sumbha and told thus, "O Lord! There is a wonderful thing in the Himalayas. No man can explain that wonder. There is an extremely beautiful woman when compared to whom all your queens are mere worms only. All your wealth is nothing. Your glory is nothing. Your valour is nothing. Your kingdom is nothing. Your pride is nothing. She is more than all this. Go there and bring Her. She is real wealth. She is illuminating the whole of the Himalayas. She is the gem among all celestial women. O king of Rakshasas! You should once see Her in person. O Emperor! You have vanquished Indra, brought the Airavata, the Parijata, Ucchaihsrava,

Pushpaka, and all the wealth of the three worlds. You have brought the lunar nectar (Soma Rasa), the Mahapadma-Nidhi, the Maala, Amlanapankaja (garland of non-fading lotuses), and the celestial Umbrella decked with gold and gems. You have snatched away the power of Brahma, the Noose of Varuna, the brilliance of Agni! You have brought everything. But you have not got the essence of all these. And that essence is this marvellously beautiful woman in the Himalayas."

The sage said: Hearing these words of Chanda and Munda, Sumbha sent his ambassador Sugriva to entice the celestial Durga to become the queen of Sumbha. Sugriva made haste towards the residence of that celestial woman in the Himalayas with great excitement and anxiety and seeing Her sporting in the Himalayan woods addressed Her thus in sweet words, "O Devi! Sumbha, the Lord of the Asuras, is the Lord of the three worlds. I am his ambassador sent by him to you. He has sent to you this message through me: 'All these three worlds are mine. I have subdued the gods. I am enjoying all the sacrificial offerings. All the wealth of these worlds is mine. I am the Indra of all. I have vanquished the lord of the oceans and have snatched away his wealth. Whatever wealth there is among Gandharvas, Devas, Nagas, Siddhas, Charanas, all are with me. They are mine. I believe you are the most beautiful of all celestial women. Please come to me. For I am the lord of all wealth, all prosperity. You may marry either myself or my brother Nisumbha, who is equally wealthy and powerful. You will then attain the lordship of all these worlds. Think over and tell me quickly.' "

The sage said: Hearing these words of Sugriva, the Universal Mother, the Support of all worlds, the blessed Divine Devi, told the ambassador in these curt and deep-meaning words with a slight smile: "Yes, You are telling the truth. There is no doubt in this. Sumbha is the lord of the three worlds and Nisumbha is equal to him. But what to do? Through ignorance I have taken a vow, how can I override it? Whoever conquers Me in battle, whoever subdues My pride, whoever is a match for Me in power, he should become My husband. Let, therefore, Sumbha or Nisumbha come here and subdue Me, and then very easily obtain My hand." The messenger said, "O silly girl! You are mistaken. Who, in all these worlds, is bold enough to face the terrible Sumbha or Nisumbha? All the countless Devas and Asuras have been crushed by the power of Sumbha and Nisumbha, and what are you, a single powerless young woman? When the terrible Indra was humiliated in battle, what are you, an inexperienced girl? Come with me to the palace of Sumbha and Nisumbha. Otherwise, you will shortly witness yourself being dragged by force through your bundle of hairs like a pitiable victim."

Devi said, "I know, I agree that Sumbha and Nisumbha are powerful. But I cannot help it. I have taken an unwise vow long ago. I have now to act according to it. Please go back and tell them the fact. Let them do what they like."

षष्ठोऽध्यायः

ध्यानम्

ॐ नागाधीश्वरविष्टरां फणिफणोत्तंसोरुरत्नावली-

भास्वद्देहलतां दिवाकरनिभां नेत्रत्रयोद्भासिताम्।

मालाकुम्भकपालनीरजकरां चन्द्रार्धचूडां परां

सर्वज्ञेश्वरभैरवांकनिलयां पद्मावतीं चिन्तये॥

'ॐ' ऋषिरुवाच॥१॥

इत्याकर्ण्य वचो देव्याः स दूतोऽमर्षपूरितः।
समाचष्ट समागम्य दैत्यराजाय विस्तरात् ॥२॥

तस्य दूतस्य तद्वाक्यमाकर्ण्यासुरराट् ततः।
सक्रोधः प्राह दैत्यानामधिपं धूम्रलोचनम् ॥३॥

हे धूम्रलोचनाशु त्वं स्वसैन्यपरिवारितः।
तामानाय बलाद् दुष्टां केशाकर्षणविह्वलाम् ॥४॥

तत्परित्राणदः कश्चिद्यदि वोत्तिष्ठतेऽपरः।
स हन्तव्योऽमरो वापि यक्षो गन्धर्व एव वा ॥५॥

ऋषिरुवाच॥६॥

तेनाज्ञप्तस्ततः शीघ्रं स दैत्यो धूम्रलोचनः।
वृतः षष्ट्या सहस्राणामसुराणां द्रुतं ययौ ॥७॥

स दृष्ट्वा तां ततो देवीं तुहिनाचलसंस्थिताम्।
जगादोच्चैः प्रयाहीति मूलं शुम्भनिशुम्भयोः ॥८॥

न चेत्प्रीत्याद्य भवती मद्भर्तारमुपैष्यति।
ततो बलान्नयाम्येष केशाकर्षणविह्वलाम् ॥९॥

देव्युवाच ॥१०॥

दैत्येश्वरेण प्रहितो बलवान् बलसंवृतः।
बलान्नयसि मामेवं ततः किं ते करोम्यहम् ॥११॥

ऋषिरुवाच ॥१२॥

इत्युक्तः सोऽभ्यधावत्तामसुरो धूम्रलोचनः।
हुंकारेणैव तं भस्म सा चकाराम्बिका ततः ॥१३॥

अथ क्रुद्धं महासैन्यमसुराणां तथाम्बिका।
ववर्ष सायकैस्तीक्ष्णैस्तथा शक्तिपरश्वधैः ॥१४॥

ततो धुतसटः कोपात्कृत्वा नादं सुभैरवम्।
पपातासुरसेनायां सिंहो देव्याः स्ववाहनः ॥१५॥

कांश्चित् करप्रहारेण दैत्यानास्येन चापरान्।
आक्रम्य चाधरेणान्यान् स जघान महासुरान् ॥१६॥

केषांचित्पाटयामास नखैः कोष्ठानि केसरी।
तथा तलप्रहारेण शिरांसि कृतवान् पृथक् ॥१७॥

विच्छिन्नबाहुशिरसः कृतास्तेन तथापरे।
पपौ च रुधिरं कोष्ठादन्येषां धुतकेसरः ॥१८॥

क्षणेन तद्बलं सर्वं क्षयं नीतं महात्मना।
तेन केसरिणा देव्या वाहनेनातिकोपिना ॥१९॥

श्रुत्वा तमसुरं देव्या निहतं धूम्रलोचनम्।
बलं च क्षयितं कृत्स्नं देवीकेसरिणा ततः ॥२०॥

चुकोप दैत्याधिपतिः शुम्भः प्रस्फुरिताधरः।
आज्ञापयामास च तौ चण्डमुण्डौ महासुरौ ॥२१॥

हे चण्ड हे मुण्ड बलैर्बहुभिः परिवारितौ।
तत्र गच्छत गत्वा च सा समानीयतां लघु ॥२२॥

केशेष्वाकृष्य बद्ध्वा वा यदि वः संशयो युधि।
तदाशेषायुधैः सर्वैरसुरैर्विनिहन्यताम् ॥२३॥

तस्यां हतायां दुष्टायां सिंहे च विनिपातिते।
शीघ्रमागम्यतां बद्ध्वा गृहीत्वा तामथाम्बिकाम् ॥ॐ॥२४॥

इति श्रीमार्कण्डेयपुराणे सावर्णिके मन्वन्तरे देवीमाहात्म्ये
शुम्भनिशुम्भसेनानीधूम्रलोचनवधो नाम षष्ठोऽध्यायः ॥६॥

THE SIXTH CHAPTER

The sage said: Hearing these words, the messenger was filled with rage. He came to the Rakshasa king and told everything with great exaggeration. The Asura king was burning with anger, and unable to control it, called his commander Dhoomralochana and said, "O Dhoomralochana! Go immediately to that wretch of a woman and drag Her through the hair by force to my feet. If there happens to be anybody, either a Gandharva, or a Deva, or a Yaksha, who may try to protect Her, kill him instantaneously."

The sage said: Under the orders of Sumbha, the commander of the Asura army started to the Himalayas with sixty thousands of forces well-armed and protected. He saw the Devi in the Himalayan Mountains and said, "Start at once to the feet of Sumbha and Nisumbha. If you do not wish to come, I shall drag you by your crest of hair in my hand." Devi said, "If you are the commander of the Asura armies, if you are sent by the King to drag me by force, then what more can I do ?"

The sage said: Hearing these words of Devi, the Asura ran towards Her in great fury. The Divine Devi produced a sound of "HUM" from inside Her and Dhoomralochana was reduced to ashes in no time. She poured a rain of arrows on the Asura army, and the lion of Devi fell on them all like burning fire on a dried forest. The heads of the Asuras were cut off with axes that showered from the Devi's hands, and there was no end to the havoc caused to the Asuras by Her vehicle, the lion. The lion drank the blood of the Asuras, who all were lying dead on the ground. In a moment, there was not a single Asura to be seen in the whole army.

This news reached the ears of king Sumbha and his anger

knew no bounds. He began to bite his lips and ordered his faithful colleagues, Chanda and Munda, thus: "O Chanda! O Munda! Go there at once! Collect a large army. Bring her to me. Do not delay much. Quick, quick! Drag her by the hair, or tie her with ropes, or if not possible at least kill her in battle. Let her be destroyed in case there is no other go. But try if you can. Kill that lion which is so ferocious. Then tie her and bring to me. Work dexterously."

सप्तमोऽध्यायः

ध्यानम्

ॐ ध्यायेयं रत्नपीठे शुककलपठितं शृण्वतीं श्यामलाङ्गीं
न्यस्तैकांघ्रिं सरोजे शशिशकलधरां वल्लकीं वादयन्तीम्।
कह्लाराबद्धमालां नियमितविलसच्चोलिकां रक्तवस्त्रां
मातङ्गीं शंखपात्रां मधुरमधुमदां चित्रकोद्भासिभालाम्।।

'ॐ' ऋषिरुवाच ।।१ ।।

आज्ञप्तास्ते ततो दैत्याश्चण्डमुण्डपुरोगमाः।
चतुरङ्गबलोपेता ययुरभ्युद्यतायुधाः ।।२ ।।

ददृशुस्ते ततो देवीमीषद्धासां व्यवस्थिताम्।
सिंहस्योपरि शैलेन्द्रशृङ्गे महति काञ्चने ।।३ ।।

ते दृष्ट्वा तां समादातुमुद्यमं चक्रुरुद्यताः।
आकृष्टचापासिधरास्तथान्ये सत्समीपगाः ।।४ ।।

ततः कोपं चकारोच्चैरम्बिका तानरीन् प्रति।
कोपेन चास्या वदनं मषीवर्णमभूत्तदा ।।५ ।।

भ्रुकुटीकुटिलात्तस्या ललाटफलकाद्द्रुतम्।
काली करालवदना विनिष्क्रान्तासिपाशिनी ।।६ ।।

विचित्रखट्वाङ्गधरा नरमालाविभूषणा।
द्वीपिचर्मपरीधाना शुष्कमांसातिभैरवा ।।७ ।।

अतिविस्तारवदना जिह्वाललनभीषणा ।
निमग्नारक्तनयना नादापूरितदिङ्मुखा ॥८॥

सा वेगेनाभिपतिता घातयन्ती महासुरान् ।
सैन्ये तत्र सुरारीणामभक्षयत तद्बलम् ॥९॥

पार्ष्णिग्राहांकुशग्राहियोधघण्टासमन्वितान् ।
समादायैकहस्तेन मुखे चिक्षेप वारणान् ॥१०॥

तथैव योधं तुरगै रथं सारथिना सह ।
निक्षिप्य वक्त्रे दशनैश्चर्वयन्त्यतिभैरवम् ॥११॥

एकं जग्राह केशेषु ग्रीवायामथ चापरम् ।
पादेनाक्रम्य चैवान्यमुरसान्यमपोथयत् ॥१२॥

तैर्मुक्तानि च शस्त्राणि महास्त्राणि तथासुरैः ।
मुखेन जग्राह रुषा दशनैर्मथितान्यपि ॥१३॥

बलिनां तद् बलं सर्वमसुराणां दुरात्मनाम् ।
ममर्दाभक्षयच्चान्यानन्यांश्चाताडयत्तथा ॥१४॥

असिना निहताः केचित्केचित्खट्वाङ्गताडिताः ।
जग्मुर्विनाशमसुरा दन्ताग्राभिहतास्तथा ॥१५॥

क्षणेन तद् बलं सर्वमसुराणां निपातितम् ।
दृष्ट्वा चण्डोऽभिदुद्राव तां कालीमतिभीषणाम् ॥१६॥

शरवर्षैर्महाभीमैर्भीमाक्षीं तां महासुराः ।
छादयामास चक्रैश्च मुण्डः क्षिप्तैः सहस्रशः ॥१७॥

तानि चक्राण्यनेकानि विशमानानि तन्मुखम् ।
बभुर्यथार्कबिम्बानि सुबहूनि घनोदरम् ॥१८॥

ततो जहासातिरुषा भीमं भैरवनादिनी।
काली करालवक्त्रान्तर्दुर्दर्शदशनोज्ज्वला ॥१९॥

उत्थाय च महासिं हं देवी चण्डमधावत।
गृहीत्वा चास्य केशेषु शिरस्तेनासिनाच्छिनत् ॥२०॥

अथ मुण्डोऽभ्यधावत्तां दृष्ट्वा चण्डं निपातितम्।
तमप्यपातयद्भूमौ सा खड्गाभिहतं रुषा ॥२१॥

हतशेषं ततः सैन्यं दृष्ट्वा चण्डं निपातितम्।
मुण्डं च सुमहावीर्यं दिशो भेजे भयातुरम् ॥२२॥

शिरश्चण्डस्य काली च गृहीत्वा मुण्डमेव च।
प्राह प्रचण्डाट्टहासमिश्रमभ्येत्य चण्डिकाम् ॥२३॥

मया तवात्रोपहृतौ चण्डमुण्डौ महापशू।
युद्धयज्ञे स्वयं शुम्भं निशुम्भं च हनिष्यसि ॥२४॥

ऋषिरुवाच ॥२५॥

तावानीतौ ततो दृष्ट्वा चण्डमुण्डौ महासुरौ।
उवाच कालीं कल्याणी ललितं चण्डिका वचः ॥२६॥

यस्माच्चण्डं च मुण्डं च गृहीत्वा त्वमुपागता।
चामुण्डेति ततो लोके ख्याता देवि भविष्यसि ॥ॐ॥२७॥

इति श्रीमार्कण्डेयपुराणे सावर्णिके मन्वन्तरे देवीमाहात्म्ये
चण्डमुण्डवधो नाम सप्तमोऽध्यायः ॥७॥

THE SEVENTH CHAPTER

The Rishi said: Under the command of the Asura king, the Asura army of Chaturanga-Bala, led by the able Chanda and Munda, marched with raised arms towards the Himavan. They saw there the Devi riding on a lion and smiling at them as if in pride. They tried to catch hold of Her in all ways. They began to use their bows, discs and swords, and came near to Her. Ambika got very angry at them and Her face turned black like ink. From the middle of Her forehead emerged forth a feminine form of dreadful nature with horrible kinds of weapons in Her hands. She was Kaali with fearful face, with a garland of heads of Rakshasas around Her neck. She had wonderful Astras and Her appearance itself created rapid beating of the heart in the Asuras. Oh! Her form was very cruel and fearful. One cannot describe it. She filled the whole space. And Her face covered the whole skies. Fire was coming out from Her mouth. Her eyes were bloody. She roared! And the Asuras began to tremble. She fell upon the Asuras and began to destroy them in thousands at a stretch. She began to eat up all the Asuras as Her food and there were not sufficient Asuras for Her meal. She caught hold of thousands of Rakshasas in one grip and thrust them all into Her wide mouth. The commanders of the army, the proud charioteers and all Asura-fighters of high status were nicely chewed by the jaws of Kaali. Chariots after chariots were entering Her mouth. Elephants after elephants were being churned to powder by Her teeth. She caught hold of some by the hair, some by the neck, some were tossed and kicked by Her feet. Their weapons, and the arrows sent by them, She sportfully swallowed in peace. Some of the Asuras She severely beat with Her hands and some She partook of as food. Some were killed by Her swords, and some were rendered senseless by Her mere sight. In the twinkling of an eye, the entire army of the Rakshasas was destroyed.

Seeing this terrible scene, Chanda ran towards Kaali with great force. He faced Her with discuses, axes, swords, nooses, tridents, all thousands in number. Then Munda also came running with a shower of arrows on Kaali on all sides. It looked as if clouds were covering the sun in dense form. Seeing this playful act of the Asuras, Kaali, with great rage, thundered violently with Her awe-inspiring face and the fiery tongue. She rushed forth towards Chanda, caught hold of his hair and cut off his head with Her sword. Then Munda came running to Her in anger, on seeing his brother killed in battle. She rolled him on the ground and threw off his head with the cut of Her sword. The remaining army seeing both Chanda and Munda lying dead on the ground took to its heels and ran in all directions. Kaali took the heads of Chanda and Munda in Her hands and said to Durga with great majesty and grandeur, thus: "I have brought to Thee these two animals, Chanda and Munda, offered in the sacrifices of battle. You can Yourself kill Sumbha and Nisumbha."

The sage said: Seeing the heads of Chanda and Munda brought before Her, the blessed Mother said to Kaali thus: "Since you have brought the heads of Chanda and Munda, you will be renowned in the world as Chamundi."

अष्टमोऽध्यायः

ध्यानम्

ॐ अरुणां करुणातरङ्गिताक्षीं
धृतपाशांकुशबाणचापहस्ताम्।
अणिमादिभिरावृतां मयूखै-
रहमित्येव विभावये भवानीम्॥

'ॐ' ऋषिरुवाच॥१॥

चण्डे च निहते दैत्ये मुण्डे च विनिपातिते।
बहुलेषु च सैन्येषु क्षयितेष्वसुरेश्वरः ॥२॥

ततः कोपपराधीनचेताः शुम्भः प्रतापवान्।
उद्योगं सर्वसैन्यानां दैत्यानामादिदेश ह ॥३॥

अद्य सर्वबलैर्दैत्याः षडशीतिरुदायुधाः।
कम्बूनां चतुरशीतिर्निर्यान्तु स्वबलैर्वृताः ॥४॥

कोटिवीर्याणि पञ्चाशदसुराणां कुलानि वै।
शतं कुलानि धौम्राणां निर्गच्छन्तु ममाज्ञया ॥५॥

कालका दौर्हृदा मौर्याः कालकेयास्तथासुराः।
युद्धाय सज्जा निर्यान्तु आज्ञया त्वरिता मम ॥६॥

इत्याज्ञाप्यासुरपतिः शुम्भो भैरवशासनः।
निर्जगाम महासैन्यसहस्रैर्बहुभिर्वृतः ॥७॥

आयान्तं चण्डिका दृष्ट्वा तत्सैन्यमतिभीषणम् ।
ज्यास्वनैः पूरयामास धरणीगगनान्तरम् ॥८॥

ततः सिंहो महानादमतीव कृतवान् नृप।
घण्टास्वनेन तन्नादमम्बिका चोपबृंहयत् ॥९॥

धनुर्ज्यासिंहघण्टानां नादापूरितदिङ्मुखा।
निनादैर्भीषणैः काली जिग्ये विस्तारितानना ॥१०॥

तं निनादमुपश्रुत्य दैत्यसैन्यैश्चतुर्दिशम् ।
देवी सिंहस्तथा काली सरोषैः परिवारिताः ॥११॥

एतस्मिन्नन्तरे भूप विनाशाय सुरद्विषाम् ।
भवायामरसिंहानामतिवीर्यबलान्विताः ॥१२॥

ब्रह्मेशगुहविष्णूनां तथेन्द्रस्य च शक्तयः।
शरीरेभ्यो विनिष्क्रम्य तद्रूपैश्चण्डिकां ययुः ॥१३॥

यस्य देवस्य यद्रूपं यथाभूषणवाहनम् ।
तद्वदेव हि तच्छक्तिरसुरान् योद्धुमाययौ ॥१४॥

हंसयुक्तविमानाग्रे साक्षसूत्रकमण्डलुः।
आयाता ब्रह्मणः शक्तिर्ब्रह्माणी साभिधीयते ॥१५॥

माहेश्वरी वृषारूढा त्रिशूलवरधारिणी।
महाहिवलया प्राप्ता चन्द्ररेखाविभूषणा ॥१६॥

कौमारी शक्तिहस्ता च मयूरवरवाहना।
योद्धुमभ्याययौ दैत्यानम्बिका गुहरूपिणी ॥१७॥

तथैव वैष्णवी शक्तिर्गरुडोपरि संस्थिता।
शंखचक्रगदाशार्ङ्गखड्गहस्ताभ्युपाययौ ॥१८॥

यज्ञवाराहमतुलं रूपं या बिभ्रतो हरेः।
शक्तिः साप्याययौ तत्र वाराहीं बिभ्रती तनुम् ॥१९॥

नारसिंही नृसिंहस्य बिभ्रती सदृशं वपुः।
प्राप्ता तत्र सटाक्षेपक्षिप्तनक्षत्रसंहतिः ॥२०॥

वज्रहस्ता तथैवैन्द्री गजराजोपरि स्थिता।
प्राप्ता सहस्रनयना यथा शक्रस्तथैव सा ॥२१॥

ततः परिवृतस्ताभिरीशानो देवशक्तिभिः।
हन्यन्तामसुराः शीघ्रं मम प्रीत्याऽऽह चण्डिकाम् ॥२२॥

ततो देवीशरीरात्तु विनिष्क्रान्तातिभीषणा।
चण्डिकाशक्तिरत्युग्रा शिवाशतनिनादिनी ॥२३॥

सा चाह धूम्रजटिलमीशानमपराजिता।
दूत त्वं गच्छ भगवन् पार्श्वं शुम्भनिशुम्भयोः ॥२४॥

ब्रूहि शुम्भं निशुम्भं च दानवावतिगर्वितौ।
ये चान्ये दानवास्तत्र युद्धाय समुपस्थिताः ॥२५॥

त्रैलोक्यमिन्द्रो लभतां देवाः सन्तु हविर्भुजः।
यूयं प्रयात पातालं यदि जीवितुमिच्छथ ॥२६॥

बलावलेपादथ चेद्भवन्तो युद्धकांक्षिणः।
तदागच्छत तृप्यन्तु मच्छिवाः पिशितेन वः ॥२७॥

यतो नियुक्तो दौत्येन तया देव्या शिवः स्वयम्।
शिवदूतीति लोकेऽस्मिंस्ततः सा ख्यातिमागता ॥२८॥

तेऽपि श्रुत्वा वचो देव्याः शर्वाख्यातं महासुराः।
अमर्षापूरिता जग्मुर्यत्र कात्यायनी स्थिता ॥२९॥

ततः प्रथममेवाग्रे शरशक्त्यृष्टिवृष्टिभिः।
ववर्षुरुद्धतामर्षास्तां देवीममरारयः ॥३०॥

सा च तान् प्रहितान् बाणाञ्छूलशक्तिपरश्वधान्।
चिच्छेद लीलयाऽऽध्मातधनुर्मुक्तैर्महेषुभिः ॥३१॥

तस्याग्रतस्तथा काली शूलपातविदारितान्।
खट्वाङ्गपोथितांश्चारीन् कुर्वती व्यचरत्तदा ॥३२॥

कमण्डलुजलाक्षेपहतवीर्यान् हतौजसः।
ब्रह्माणी चाकरोच्छत्रून् येन येन स्म धावति ॥३३॥

माहेश्वरी त्रिशूलेन तथा चक्रेण वैष्णवी।
दैत्याञ्जघान कौमारी तथा शक्त्यातिकोपना ॥३४॥

ऐन्द्रीकुलिशपातेन शतशो दैत्यदानवाः।
पेतुर्विदारिताः पृथ्व्यां रुधिरौघप्रवर्षिणः ॥३५॥

तुण्डप्रहारविध्वस्ता दंष्ट्राग्रक्षतवक्षसः।
वाराहमूर्त्या न्यपतंश्चक्रेण च विदारिताः ॥३६॥

नखैर्विदारितांश्चान्यान् भक्षयन्ती महासुरान्।
नारसिंही चचाराजौ नादापूर्णदिगम्बरा ॥३७॥

चण्डाट्टहासैरसुराः शिवदूत्यभिदूषिताः।
पेतुः पृथिव्यां पतितांस्तांश्चखादाथ सा तदा ॥३८॥

इति मातृगणं क्रुद्धं मर्दयन्तं महासुरान्।
दृष्ट्वाभ्युपायैर्विविधैर्नेशुर्देवारिसैनिकाः ॥३९॥

पलायनपरान् दृष्ट्वा दैत्यान् मातृगणार्दितान्।
योद्धुमभ्याययौ क्रुद्धो रक्तबीजो महासुरः ॥४०॥

रक्तबिन्दुर्यदा भूमौ पतत्यस्य शरीरतः।
समुत्पतति मेदिन्यां तत्प्रमाणस्तदासुरः ॥४१॥

युयुधे स गदापाणिरिन्द्रशक्त्या महासुरः।
ततश्चैन्द्री स्ववज्रेण रक्तबीजमताडयत् ॥४२॥

कुलिशेनाहतस्याशु बहु सुस्राव शोणितम्।
समुत्तस्थुस्ततो योधास्तद्रूपास्तत्पराक्रमाः ॥४३॥

यावन्तः पतितास्तस्य शरीराद्रक्तबिन्दवः।
तावन्तः पुरुषा जातास्तद्वीर्यबलविक्रमाः ॥४४॥

ते चापि युयुधुस्तत्र पुरुषा रक्तसम्भवाः।
समं मातृभिरत्युग्रशस्त्रपातातिभीषणम् ॥४५॥

पुनश्च वज्रपातेन क्षतमस्य शिरो यदा।
ववाह रक्तं पुरुषास्ततो जाताः सहस्रशः ॥४६॥

वैष्णवी समरे चैनं चक्रेणाभिजघान ह।
गदया ताडयामास ऐन्द्री तमसुरेश्वरम् ॥४७॥

वैष्णवीचक्रभिन्नस्य रुधिरस्रावसम्भवैः।
सहस्रशो जगद्व्याप्तं तत्प्रमाणैर्महासुरैः ॥४८॥

शक्त्या जघान कौमारी वाराही च तथासिना।
माहेश्वरी त्रिशूलेन रक्तबीजं महासुरम् ॥४९॥

स चापि गदया दैत्यः सर्वा एवाहनत् पृथक्।
मातृः कोपसमाविष्टो रक्तबीजो महासुरः ॥५०॥

तस्याहतस्य बहुधा शक्तिशूलादिभिर्भुवि।
पपात यो वै रक्तौघस्तेनासञ्छतशोऽसुराः ॥५१॥

तैश्चासुरासृक्सम्भूतैरसुरैः सकलं जगत्।
व्याप्तमासीत्ततो देवा भयमाजग्मुरुत्तमम् ॥५२॥

तान् विषण्णान् सुरान् दृष्ट्वा चण्डिका प्राह सत्वरा।
उवाच कालीं चामुण्डे विस्तीर्णं वदनं कुरु ॥५३॥

मच्छस्त्रपातसम्भूतान् रक्तबिन्दून्महासुरान्।
रक्तबिन्दोः प्रतीच्छ त्वं वक्त्रेणानेन वेगिना ॥५४॥

भक्षयन्ती चर रणे तदुत्पन्नान्महासुरान् ।
एवमेष क्षयं दैत्यः क्षीणरक्तो गमिष्यति ।।५५।।

भक्ष्यमाणास्त्वया चोग्रा न चोत्पत्स्यन्ति चापरे।
इत्युक्त्वा तां ततो देवी शूलेनाभिजघान तम् ।।५६।।

मुखेन काली जगृहे रक्तबीजस्य शोणितम् ।
ततोऽसावाजघानाथ गदया तत्र चण्डिकाम् ।।५७।।

न चास्या वेदनां चक्रे गदापातोल्पिकामपि।
तस्याहतस्य देहात्तु बहु सुस्राव शोणितम् ।।५८।।

यतस्ततस्तद्वक्त्रेण चामुण्डा सम्प्रतीच्छति।
मुखे समुद्गता येऽस्या रक्तपातान्महासुराः ।।५९।।

तांश्चखादाथ चामुण्डा पपौ तस्य च शोणितम् ।
देवी शूलेन वज्रेण बाणैरसिभिर्ऋष्टिभिः ।।६०।।

जघान रक्तबीजं तं चामुण्डापीतशोणितम् ।
स पपात महीपृष्ठे शस्त्रसङ्घसमाहतः ।।६१।।

नीरक्तश्च महीपाल रक्तबीजो महासुरः।
ततस्ते हर्षमतुलमवापुस्त्रिदशा नृप ।।६२।।

तेषां मातृगणो जातो ननर्तासृङ्मदोद्धतः ।।ॐ।।६३।।

इति श्रीमार्कण्डेयपुराणे सावर्णिके मन्वन्तरे देवीमाहात्म्ये
रक्तबीजवधो नाम अष्टमोऽध्यायः ।।८।।

THE EIGHTH CHAPTER

The Rishi said: When Chanda Asura was killed and Munda was destroyed and all his army reduced to powerlessness, Sumbha, the Asura king, could no more remain in peace. He ordered for a unification of all the Daitya armies, and said, "Now let all my warriors unite together with all their weapons, and march against that lady in the Himalayas. Let my eighty-six commanders collect their armies of elephant-riders, and let the eighty-four, their armies of chariots. Let the fifty crores of powerful fighters and the hundred sects of Dhoomrarakshasas start now under my command. Let the armies of the Kulakas, Daurhridas, the Maurvas, the Kalakeyas among the Asuras start for war against that Celestial woman. Quick, quick!"

Ordering thus, the terrible Sumbha started with a large army as if to uproot the whole universe in his anger! Seeing an extraordinarily huge army approaching Her, Devi Maya covered up the whole earth and the sky with showers of arrows which made sight impossible. Her lion began to roar mightily as if at the time of Destruction of the worlds at the end of a Kalpa. The sounds of Her weapons, arrows and the lion were still increased by the fearful sounds of Ambika's bells, conches and thunderings. Hearing these sounds, the Asuras began to encircle Devi, Her lion and Kaali from all sides. At this memorable time, for the purpose of the welfare of the world, and the destruction of the Asuras, the Powerful forces of Brahma, Vishnu, Siva, Skanda and Indra entered the body of Durga Devi. Whichever is the form of the particular God, in the same form their forces began to face the Asuras.

As the force of Brahma, Durga came with a Kamandalu and riding upon a swan. As the force of Siva, She came riding on a bull and holding a trident, wearing the moon and the snakes. As the force of Skanda, She came riding on a peacock with Sakti in Her hand. As the force of Vishnu, She came riding upon Garuda and holding Sankha, Chakra, Gada, Sharnga and Khadga in Her hands. She appeared in the form of Varaha, Narasimha and Indra sitting on elephant and with Vajra in Her hand, and with thousand eyes! Then from the body of Devi came out the great form of Her power (Kaali) frightening the entire quarters with Her dreadful appearance. She called Her messenger, Ishana, and said to Her, "Go and tell the Rakshasas that Indra should rule the heaven, that the gods should obtain the sacrificial offerings, that the Daityas should enter the Patala if they want to live. If they wish to fight with me, let them come, I shall feed on their hot blood with joy!" Since She was sent by Kaali with this message, She is even now called "Sivadooti" (Dooti or messenger of Kaali).

Hearing the proud message of Kaali, the Asuras filled with rage, ran towards Katyayani in order to put an end to Her life. The Daityas rained upon Katyayani all sorts of Astras and Sastras from all quarters. But the shrewd Katyayani showered upon them a more powerful rain of arrows and divine weapons which obstructed the Asuras from operating their weapons and Astras. Then Kaali with Her invincible power rushed through the Asura armies like a forcible blast of virulent wind, swept over thousands of Asuras and crushed them down under feet. With one sprinkling of holy waters from Her Kamandalu, She absorbed all the strength of the Asuras. With Chakras and the tridents, the number of Asuras She killed cannot be enumerated. With Vajras and Saktis, She fell upon the Daityas like Garuda over serpents. With the blow of Her Vajra, the Daityas fell in thousands vomiting blood and deprived of their heads and limbs. The Chakra of Devi destroyed innumerable hosts of Asura armies, and Devi with Her form of Varaha tossed them with the tusk hither and thither and tore them to death. With the form of Narasimha She began to eat up the Rakshasas with a ferocious roaring. The fearful "Dootis" created by Devi began to work havoc in the Rakshasa army and brutally devoured them and crushed them down. Seeing that the forces of the Mother are working the destruction of the Asura army, Raktabija, their leader, came forth with arrogance and fury. From every drop of blood that fell from his body, there came out dreadful Rakshasas equal to him in power and valour.

Raktabija fell upon Indrani with rage and threw upon Her his deadly Astras. Indrani with Her Vajra cut down his arms and there was a profuse gushing of blood from his body which wetted the ground. Immediately there rose up thousands of Rakshasas, each equal to him in strength and cleverness. There cropped up as many Daityas as there fell down drops of blood from his body in battle. All these fought with Devi from all quarters. When again with a severe blow of Devi's Vajra, Raktabija's head was fatally wounded, there was a stream of blood flowing on the ground. At once thousands and thousands of Daityas emerged out and fell on Devi with all their might and main. Devi broke the head of Raktabija with Her Gada (mace), and his blood gave birth to so many warrior-Asuras that the whole earth seemed to be filled by them. She tore his body with Her Chakra and there again was a stream of blood. Thousands of Daityas again cropped up and the whole earth and the sky were filled by these fearful giants. The Devas were filled with extreme fear when they saw that the whole world was filled with Asuras who could not be killed by any means due to their infinite increase in number.

Seeing the Devas dejected very much, Devi told Kaali to widen Her face and spread Her vast tongue, "O Kaali, when I destroy these Asuras with My Astras, do not allow even a drop of blood to fall on the ground. Drink up all their blood with thy extensive tongue. Eat up all the Rakshasas that are created by

Raktabija's blood and then he will automatically be destroyed completely." Saying thus, Devi pierced Raktabija with Her Trisula. Kaali spread Her wide mouth and drank up the blood of the Asura. Pained by the harsh trident of Devi, Raktabija roared his last roar and fell upon Devi with great force. Devi put an end to his life with Her Chakra and there again was a great flow of blood from his body. Kaali ate all the created Rakshasas and drank the blood of Raktabija. Raktabija fell on the ground like a mountain shaking the earth. All the gods were filled with great joy. The celestial damsels sang, danced and rejoiced.

नवमोऽध्यायः

ध्यानम्

ॐ बन्धूककाञ्चननिभं रुचिराक्षमालां
पाशांकुशौ च वरदां निजबाहुदण्डैः।
बिभ्राणमिन्दुशकलाभरणं त्रिनेत्र-
मर्धाम्बिकेशमनिशं वपुराश्रयामि।।

'ॐ' राजोवाच ।।१ ।।

विचित्रमिदमाख्यातं भगवन् भवता मम।
देव्याश्चरितमाहात्म्यं रक्तबीजवधाश्रितम् ।।२ ।।

भूयश्चेच्छाम्यहं श्रोतुं रक्तबीजे निपातिते।
चकार शुम्भो यत्कर्म निशुम्भश्चातिकोपनः ।।३ ।।

ऋषिरुवाच ।।४ ।।

चकार कोपमतुलं रक्तबीजे निपातिते।
शुम्भासुरो निशुम्भश्च हतेष्वन्येषु चाहवे ।।५ ।।

हन्यमानं महासैन्यं विलोक्यामर्षमुद्वहन्।
अभ्यधावन्निशुम्भोऽथ मुख्ययासुरसेनया ।।६ ।।

तस्याग्रतस्तथा पृष्ठे पार्श्वयोश्च महासुराः।
संदष्टौष्ठपुटाः क्रुद्धा हन्तुं देवीमुपाययुः ।।७ ।।

आजगाम महावीर्यः शुम्भोऽपि स्वबलैर्वृतः ।
निहन्तुं चण्डिका कोपात्कृत्वा युद्धं तु मातृभिः ॥८॥

ततो युद्धमतीवासीद्देव्या शुम्भनिशुम्भयोः ।
शरवर्षमतीवोग्रं मेघयोरिव वर्षतोः ॥९॥

चिच्छेदास्ताञ्छरांस्ताभ्यां चण्डिका स्वशरोत्करैः ।
ताडयामास चाङ्गेषु शस्त्रौघैरसुरेश्वरौ ॥१०॥

निशुम्भो निशितं खड्गं चर्म चादाय सुप्रभम् ।
अताडयन्मूर्ध्नि सिंहं देव्या वाहनमुत्तमम् ॥११॥

ताडिते वाहने देवी क्षुरप्रेणासिमुत्तमम् ।
निशुम्भस्याशु चिच्छेद चर्म चाप्यष्टचन्द्रकम् ॥१२॥

छिन्ने चर्मणि खड्गे च शक्तिं चिक्षेप सोऽसुरः ।
तामप्यस्य द्विधा चक्रे चक्रेणाभिमुखागताम् ॥१३॥

कोपाध्मातो निशुम्भोऽथ शूलं जग्राह दानवः ।
आयान्तं मुष्टिपातेन देवी तच्चाप्यचूर्णयत् ॥१४॥

आविध्याथ गदां सोऽपि चिक्षेप चण्डिकां प्रति ।
सापि देव्या त्रिशूलेन भिन्ना भस्मत्वमागता ॥१५॥

ततः परशुहस्तं तमायान्तं दैत्यपुङ्गवम् ।
आहत्य देवी बाणौघैरपातयत भूतले ॥१६॥

तस्मिन्निपतिते भूमौ निशुम्भे भीमविक्रमे ।
भ्रातर्यतीव संक्रुद्धः प्रययौ हन्तुमम्बिकाम् ॥१७॥

स रथस्तस्तथात्युच्चैर्गृहीतपरमायुधैः ।
भुजैरष्टाभिरतुलैर्व्याप्याशेषं बभौ नभः ॥१८॥

तमायान्तं समालोक्य देवी शंखमवादयत्।
ज्याशब्दं चापि धनुषश्चकारातीव दुःसहम् ॥१९॥

पूरयामास ककुभो निजघण्टास्वनेन च।
समस्तदैत्यसैन्यानां तेजोवधविधायिना ॥२०॥

ततः सिंहो महानादैस्त्याजितेभमहामदैः।
पूरयामास गगनं गां तथैव दिशो दश ॥२१॥

ततः काली समुत्पत्य गगनं क्ष्मामताडयत्।
कराभ्यां तन्निनादेन प्राक्स्वनास्ते तिरोहिताः ॥२२॥

अट्टाट्टहासमशिवं शिवदूती चकार ह।
तैः शब्दैरसुरास्त्रेसुः शुम्भः कोपं परं ययौ ॥२३॥

दुरात्मंस्तिष्ठ तिष्ठेति व्याजहाराम्बिका यदा।
तदा जयेत्यभिहितं देवैराकाशसंस्थितैः ॥२४॥

शुम्भेनागत्य या शक्तिर्मुक्ता ज्वालातिभीषणा।
आयान्ती वह्निकूटाभा सा निरस्ता महोल्कया ॥२५॥

सिंहनादेन शुम्भस्य व्याप्तं लोकत्रयान्तरम्।
निर्घातनिःस्वनो घोरो जितवानवनीपते ॥२६॥

शुम्भमुक्ताञ्छरान्देवी शुम्भस्तत्प्रहिताञ्छरान्।
चिच्छेद स्वशरैरुग्रैः शतशोऽथ सहस्रशः ॥२७॥

ततः सा चण्डिका क्रुद्धा शूलेनाभिजघान तम्।
स तदाभिहतो भूमौ मूर्च्छितो निपपात ह ॥२८॥

ततो निशुम्भः सम्प्राप्य चेतनामात्तकार्मुकः।
आजघान शरैर्देवीं कालीं केसरिणं तथा ॥२९॥

पुनश्च कृत्वा बाहूनामयुतं दनुजेश्वरः।
चक्रायुधेन दितिजश्छादयामास चण्डिकाम् ॥३०॥

ततो भगवती क्रुद्धा दुर्गा दुर्गार्तिनाशिनी।
चिच्छेद तानि चक्राणि स्वशरैः सायकांश्च तान् ॥३१॥

ततो निशुम्भो वेगेन गदामादाय चण्डिकाम्।
अभ्यधावत वै हन्तुं दैत्यसेनासमावृतः ॥३२॥

तस्यापतत एवाशु गदां चिच्छेद चण्डिका।
खड्गेन शितधारेण स च शूलं समाददे ॥३३॥

शूलहस्तं समायान्तं निशुम्भममरार्दनम् ।
हृदि विव्याध शूलेन वेगाविद्धेन चण्डिका ॥३४॥

भिन्नस्य तस्य शूलेन हृदयान्निःसृतोऽपरः।
महाबलो महावीर्यस्तिष्ठेति पुरुषो वदन् ॥३५॥

तस्य निष्क्रामतो देवी प्रहस्य स्वनवत्ततः।
शिरश्चिच्छेद खड्गेन ततोऽसावपतद्भुवि ॥३६॥

ततः सिंहश्चखादोग्रं दंष्ट्राक्षुण्णशिरोधरान्।
असुरांस्तांस्तथा काली शिवदूती तथापरान् ॥३७॥

कौमारीशक्तिनिर्भिन्नाः केचिन्नेशुर्महासुराः।
ब्रह्माणीमन्त्रपूतेन तोयेनान्ये निराकृताः ॥३८॥

माहेश्वरीत्रिशूलेन भिन्नाः पेतुस्तथापरे।
वाराहीतुण्डघातेन केचिच्चूर्णीकृता भुवि ॥३९॥

खण्डं खण्डं च चक्रेण वैष्णव्या दानवाः कृताः।
वज्रेण चैन्द्रीहस्ताग्रविमुक्तेन तथापरे ॥४०॥

केचिद्विनेशुरसुराः केचिन्नष्टा महाहवात् ।
भक्षिताश्चापरे कालीशिवदूतीमृगाधिपैः ॥ॐ॥४१॥

इति श्रीमार्कण्डेयपुराणे सावर्णिके मन्वन्तरे देवीमाहात्म्ये
निशुम्भवधो नाम नवमोऽध्यायः ॥९॥

THE NINTH CHAPTER

The king said, "O sage! Wonderful is the story told by you to me. Wonderful is the glory of Devi, and wonderful is the death of Raktabija. I wish to hear now, what Sumbha and Nisumbha, the great master-Asuras did after the death of Raktabija."

The sage said: On hearing that all the army was destroyed and that Raktabija was killed, the King and his brother flew into mad rage. Nisumbha fell upon Devi with the main portion of the Asura army reserved for the purpose. From all the ten quarters the Asuras tossed Devi with poisonous weapons, enchanting Astras, and invincible missiles. Sumbha also came with a very large army in order to capture Devi. He fought with the various manifestations (forms) of Devi appearing as Kaali, Vaishnavi, Raudri, Brahmi, Narasimhi, and the like. There began a memorable battle between Devi and Sumbha and Nisumbha. Wonderful was the fight! Wonderful and dreadful! The Devas began to tremble. The sky was covered with clouds of arrows. Devi fell upon the Asuras bravely. Nisumbha came with a sharp sword in his hand, and beat Devi's lion severely. Devi immediately broke his sword into pieces with Her Chakra. Nisumbha flew into rage and used his Sakti, Shoola and axe, but now Devi grew extremely angry and wounded Nisumbha and made him lie on the ground instantaneously.

Seeing his brother lying down on the ground, Sumbha ran to kill Ambika. He was fighting sitting on a chariot. He came with his eight hands full of Astras and covered with them the whole of the sky. Devi, seeing Sumbha coming towards Her, blew Her Conch, and filled the whole sky with a dreadful sound. She created a great sound with Her bow and arrows. The lion roared terribly and there was a fearful thunder everywhere. Devi kicked the earth powerfully and tossed the sky with great force. This ferocious sound swallowed up all other previous sounds. Sivadooti and Kaali jumped in heroic vigour and ferocious rage. These sounds made the Asuras very angry at heart. "O wicked Rakshasa! Wait, wait! Stand there, where do you run?" said Ambika with a loud voice. "Victory, victory!" said the Devas from above. The heroic battle-cries of Sumbha filled the entire space. Thousands, lakhs and crores of Astras were thrown at Ambika by Sumbha. But all were a dry straw to the Divine Devi. She burnt them all to ashes. Devi, with Her powerful Trisula, pierced Sumbha in the chest. The poor Rakshasa fell on the ground in senseless fits. By this time Nisumbha regained his senses and again got up to fight with Devi with his Chakra and Gada, Shoola and sword. Devi pierced him again in the chest and there from the split chest came forth a ferocious demon who challenged Devi with might. Devi laughed at this and cut off his head with one stroke. Some Asuras were eaten by the lion, some were chewed nicely by the jaws of Kaali, some were cut in twain by Kaumari, some were enchanted by the Kamandalu of Brahmi, some were pierced with the Trisula of Mahesvari, some were broken by the snout of Varahi, some were sliced to nice pieces by the Chakra of Vaishnavi, some were killed by the Vajra of Aindri! All the Asuras thus fell victims to one or the other aspect of the Great Mother, Devi!

दशमोऽध्यायः

ध्यानम्

ॐ उत्तप्तहेमरुचिरां रविचन्द्रवह्नि-
नेत्रां धनुश्शरयुतांकुशपाशशूलम् ।
रम्यैर्भुजैश्च दधतीं शिवशक्तिरूपां
कामेश्वरीं हृदि भजामि धृतेन्दुलेखाम् ।।

'ॐ' ऋषिरुवाच ।।१ ।।

निशुम्भं निहतं दृष्ट्वा भ्रातरं प्राणसम्मितम् ।
हन्यमानं बलं चैव शुम्भः क्रुद्धोऽब्रवीद्वचः ।।२ ।।

बलावलेपाद्दुष्टे त्वं मा दुर्गे गर्वमावह।
अन्यासां बलमाश्रित्य युद्ध्यसे यातिमानिनी ।।३ ।।

देव्युवाच ।।४ ।।

एकैवाहं जगत्यत्र द्वितीया का ममापरा।
पश्यैता दुष्ट मय्येव विशन्त्यो मद्विभूतयः ।।५ ।।

ततः समस्तास्ता देव्यो ब्रह्माणीप्रमुखा लयम्।
तस्या देव्यास्तनौ जग्मुरेकैवासीत्तदाम्बिका ।।६ ।।

देव्युवाच ।।७ ।।

अहं विभूत्या बहुभिरिह रूपैर्यदास्थिता।
तत्संहृतं मयैकैव तिष्ठाम्याजौ स्थिरो भव ।।८ ।।

ऋषिरुवाच ॥९॥

ततः प्रववृते युद्धं देव्याः शुम्भस्य चोभयोः ।
पश्यतां सर्वदेवानामसुराणां च दारुणम् ॥१०॥
शरवर्षैः शितैः शस्त्रैस्तथास्त्रैश्चैव दारुणैः ।
तयोर्युद्धमभूद्भूयः सर्वलोकभयंकरम् ॥११॥
दिव्यान्यस्त्राणि शतशो मुमुचे यान्यथाम्बिका ।
बभञ्ज तानि दैत्येन्द्रस्तत्प्रतीघातकर्तृभिः ॥१२॥
मुक्तानि तेन चास्त्राणि दिव्यानि परमेश्वरी।
बभञ्ज लीलायैवोग्रहुंकारोच्चारणादिभिः ॥१३॥
ततः शरशतैर्देवीमाच्छादयत सोऽसुरः ।
सापि तत्कुपिता देवी धनुश्चिच्छेद चेषुभिः ॥१४॥
छिन्ने धनुषि दैत्येन्द्रस्तथा शक्तिमथाददे ।
चिच्छेद देवी चक्रेण तामप्यस्य करे स्थिताम् ॥१५॥
ततः खड्गमुपादाय शतचन्द्रं च भानुमत् ।
अभ्यधावत्तदा देवीं दैत्यानामधिपेश्वरः ॥१६॥
तस्यापतत एवाशु खड्गं चिच्छेद चण्डिका ।
धनुर्मुक्तैः शितैर्बाणैश्चर्म चार्ककरामलम् ॥१७॥
हताश्वः स तदा दैत्यश्छिन्नधन्वा विसारथिः ।
जग्राह मुद्गरं घोरमम्बिकानिधनोद्यतः ॥१८॥
चिच्छेदापततस्तस्य मुद्गरं निशितैः शरैः ।
तथापि सोऽभ्यधावत्तां मुष्टिमुद्यम्य वेगवान् ॥१९॥
स मुष्टिं पातयामास हृदये दैत्यपुङ्गवः ।
देव्यास्तं चापि सा देवी तलेनोरस्यताडयत् ॥२०॥

तलप्रहाराभिहतो निपपात महीतले।
स दैत्यराजः सहसा पुनरेव तथोत्थितः ॥२१॥

उत्पत्य च प्रगृह्योच्चैर्देवीं गगनमास्थितः।
तत्रापि सा निराधारा युयुधे तेन चण्डिका ॥२२॥

नियुद्धं खे तदा दैत्यश्चण्डिका च परस्परम् ।
चक्रतुः प्रथमं सिद्धमुनिविस्मयकारकम् ॥२३॥

ततो नियुद्धं सुचिरं कृत्वा तेनाम्बिका सह।
उत्पात्य भ्रामयामास चिक्षेप धरणीतले ॥२४॥

स क्षिप्तो धरणीं प्राप्य मुष्टिमुद्यम्य वेगितः।
अभ्यधावत दुष्टात्मा चण्डिकानिधनेच्छया ॥२५॥

तमायान्तं ततो देवी सर्वदैत्यजनेश्वरम् ।
जगत्यां पातयामास भित्त्वा शूलेन वक्षसि ॥२६॥

स गतासुः पपातोर्व्यां देवीशूलाग्रविक्षतः।
चालयन् सकलां पृथ्वीं साब्धिद्वीपां सपर्वताम् ॥२७॥

ततः प्रसन्नमखिलं हते तस्मिन् दुरात्मनि।
जगत्स्वास्थ्यमतीवाप निर्मलं चाभवन्नभः ॥२८॥

उत्पातमेघाः सोल्का ये प्रागासंस्ते शमं ययुः।
सरितो मार्गवाहिन्यस्तथासंस्तत्र पातिते ॥२९॥

ततो देवगणाः सर्वे हर्षनिर्भरमानसाः।
बभूवुर्निहते तस्मिन् गन्धर्वा ललितं जगुः ॥३०॥

अवादयंस्तथैवान्ये ननृतुश्चाप्सरोगणाः।
ववुः पुण्यस्तथा वाताः सुप्रभोऽभूद्दिवाकरः ॥३१॥

जज्वलुश्चाग्नयःशान्ताः शान्ता दिग्जनितस्वनाः ॥ॐ॥३२॥

इति श्रीमार्कण्डेयपुराणे सावर्णिके मन्वन्तरे देवीमाहात्म्ये
शुम्भवधो नाम दशमोऽध्यायः ॥१०॥

THE TENTH CHAPTER

The Rishi said: Nisumbha was killed and Sumbha lying down on the ground could not bear this insult to his kingly honour. With uncontrollable anger, he cried out at Devi, "O weak and wicked Durga! Do not be proud. You are fighting with the help of somebody else." The Devi said, "I am alone and single in this world. Who is there other than Me here? See, all these many fighting with you are Myself. Now look at Me." As soon as Devi uttered these words, all those appearances of many entered into the body of Durga, and there was none but Devi, the Single. Devi again said, "Be calm. I alone with the power of immanence and omnipresence appeared as many but now stand single and have withdrawn myself into Myself."

The sage said: Again Sumbha got up from the ground and raged a fierce war with Durga. It was the fiercest of all fights. Like butterfly upon fire Sumbha fell upon Durga. The whole world did not know what would happen, and was eagerly watching the result of the battle. Whatever Astras there could be in all the three worlds were thrown at Ambika by the powerful Sumbha. As if in play, Durga swallowed them all and burnt some to ashes by Her mere 'Humkara'. Sumbha took up his bow and arrows, Saktis, swords and missiles. Devi tumbled down the whole of his chariot together with the horses and the charioteer. Sumbha fell on the ground and finding that he had no chariot, no horses and no charioteer, fell upon Durga with the dreadful Mudgara Astra. Devi smashed the Astra immediately with Her arrows. Then with his clenched fist raised up, he came to break the head of Durga. He hit on Her breast with force. Devi beat his chest with Her mace and he fell again senseless on the ground. Regaining consciousness, he again stood up bold and, soaring to the sky up above, poured upon Her many Astras. Devi also jumped into the sky and without any support She fought with him and smashed him down to the earth. The Siddhas and Devas were surprised to witness such a scene in their life. Again Sumbha raised his fist and ran towards Devi to hit Her. Devi put an end to his life with Her Trisula by breaking his chest into two pieces. He lay dead on the ground shaking the earth and the ocean when he fell.

The sky became clear. The Devas felt happy. The whole world felt joyous when the wicked Daitya was killed. Gandharvas sang.

The celestial Apsaras rejoiced and danced. The trees began to smile. The rivers flew fluently. The Ocean became calm. The fire burnt happily. The atmosphere became fresh. The earth got rid of Her burden. The wind blew with joy. The sun shone bright.

एकादशोऽध्यायः

ध्यानम्

'ॐ' बालरविद्युतिमिन्दुकिरीटां तुङ्गकुचां नयनत्रययुक्ताम् ।
स्मेरमुखीं वरदांकुशपाशाभीतिकरां प्रभजे भुवनेशीम् ॥

'ॐ' ऋषिरुवाच ॥१॥

देव्या हते तत्र महासुरेन्द्रे
सेन्द्राः सुरा वह्निपुरोगमास्ताम् ।
कात्यायनीं तुष्टुवुरिष्टलाभाद्
विकाशिवक्त्राब्जविकाशिताशाः ॥२॥

देवी प्रपन्नार्तिहरे प्रसीद
प्रसीद मातर्जगतोऽखिलस्य।
प्रसीद विश्वेश्वरि पाहि विश्वं
त्वमीश्वरी देवि चराचरस्य ॥३॥

आधारभूता जगतस्त्वमेका
महीस्वरूपेण यतः स्थितासि।
अपां स्वरूपस्थितया त्वयैत-
दाप्यायते कृत्स्नमलङ्घ्यवीर्ये ॥४॥

त्वं वैष्णवी शक्तिरनन्तवीर्या
विश्वस्य बीजं परमासि माया।

सम्मोहितं देवि समस्तमेतत्
त्वं वै प्रसन्ना भुवि मुक्तिहेतुः ॥५॥

विद्याः समस्तास्तव देवि भेदाः
स्त्रियः समस्ताः सकला जगत्सु।
त्वयैकया पूरितमम्बयैतत्
का ते स्तुतिः स्तव्यपरा परोक्तिः ॥६॥

सर्वभूता यदा देवी स्वर्गमुक्तिप्रदायिनी।
त्वं स्तुता स्तुतये का वा भवन्तु परमोक्तयः ॥७॥

सर्वस्य बुद्धिरूपेण जनस्य हृदि संस्थिते।
स्वर्गापवर्गदे देवि नारायणि नमोऽस्तु ते ॥८॥

कलाकाष्ठादिरूपेण परिणामप्रदायिनि।
विश्वस्योपरतौ शक्ते नारायणि नमोऽस्तु ते ॥९॥

सर्वमङ्गलमाङ्गल्ये शिवे सर्वार्थसाधिके।
शरण्ये त्र्यम्बके गौरि नारायणि नमोऽस्तु ते ॥१०॥

सृष्टिस्थितिविनाशानां शक्तिभूते सनातनि।
गुणाश्रये गुणमये नारायणि नमोऽस्तु ते ॥११॥

शरणागतदीनार्तपरित्राणपरायणे।
सर्वस्यार्तिहरे देवि नारायणि नमोऽस्तु ते ॥१२॥

हंसयुक्तविमानस्थे ब्रह्माणीरूपधारिणि।
कौशाम्भःक्षरिके देवि नारायणि नमोऽस्तु ते ॥१३॥

त्रिशूलचन्द्राहिधरे महावृषभवाहिनि।
माहेश्वरीस्वरूपेण नारायणि नमोऽस्तु ते ॥१४॥

मयूरकुक्कुटवृते महाशक्तिधरेऽनघे।
कौमारीरूपसंस्थाने नारायणि नमोऽस्तु ते ॥१५॥

शंखचक्रगदाशार्ङ्गगृहीतपरमायुधे।
प्रसीद वैष्णवीरूपे नारायणि नमोऽस्तु ते ॥१६॥

गृहीतोग्रमहाचक्रे दंष्ट्रोद्धृतवसुन्धरे।
वराहरूपिणि शिवे नारायणि नमोऽस्तु ते ॥१७॥

नृसिंहरूपेणोग्रेण हन्तुं दैत्यान् कृतोद्यमे।
त्रैलोक्यत्राणसहिते नारायणि नमोऽस्तु ते ॥१८॥

किरीटिनि महावज्रे सहस्रनयनोज्ज्वले।
वृत्रप्राणहरे चैन्द्रि नारायणि नमोऽस्तु ते ॥१९॥

शिवदूतीस्वरूपेण हतदैत्यमहाबले।
घोररूपे महारावे नारायणि नमोऽस्तु ते ॥२०॥

दंष्ट्राकरालवदने शिरोमालाविभूषणे।
चामुण्डे मुण्डमथने नारायणि नमोऽस्तु ते ॥२१॥

लक्ष्मि लज्जे महाविद्ये श्रद्धे पुष्टिस्वधे ध्रुवे।
महारात्रि महाऽविद्ये नारायणि नमोऽस्तु ते ॥२२॥

मेधे सरस्वति वरे भूति बाभ्रवि तामसि।
नियते त्वं प्रसीदेशे नारायणि नमोऽस्तु ते ॥२३॥

सर्वस्वरूपे सर्वेशे सर्वशक्तिसमन्विते।
भयेभ्यस्त्राहि नो देवि दुर्गे देवि नमोऽस्तु ते ॥२४॥

एतत्ते वदनं सौम्यं लोचनत्रयभूषितम् ।
पातु नः सर्वभीतिभ्यः कात्यायनि नमोऽस्तु ते ॥२५॥

ज्वालाकरालमत्युग्रमशेषासुरसूदनम् ।
त्रिशूलं पातु नो भीतेर्भद्रकालि नमोऽस्तु ते ॥२६॥

हिनस्ति दैत्यतेजांसि स्वनेनापूर्य या जगत् ।
सा घण्टा पातु नो देवि पापेभ्योऽनः सुतानिव ॥२७॥

असुरासृग्वसापंकचर्चितस्ते करोज्ज्वलः ।
शुभाय खड्गो भवतु चण्डिके त्वां नता वयम् ॥२८॥

रोगानशेषानपहंसि तुष्टा
रुष्टा तु कामान् सकलानभीष्टान् ।
त्वामाश्रितानां न विपन्नराणां
त्वामाश्रिता ह्याश्रयतां प्रयान्ति ॥२९॥

एतत्कृतं यत्कदनं त्वयाद्य
धर्मद्विषां देवि महासुराणाम् ।
रूपैरनेकैर्बहुधाऽऽत्ममूर्तिं
कृत्वाम्बिके तत्प्रकरोति कान्या ॥३०॥

विद्यासु शास्त्रेषु विवेकदीपे-
ष्वाद्येषु वाक्येषु च का त्वदन्या ।
ममत्वगर्तेऽतिमहान्धकारे
विभ्रामयत्येतदतीव विश्वम् ॥३१॥

रक्षांसि यत्रोग्रविषाश्च नागा
यत्रारयो दस्युबलानि यत्र ।
दावानलो यत्र तथाब्धिमध्ये
तत्र स्थिता त्वं परिपासि विश्वम् ॥३२॥

विश्वेश्वरि त्वं परिपासि विश्वं
विश्वात्मिका धारयसीति विश्वम् ।

विश्वेशवन्द्या भवती भवन्ति
विश्वाश्रया ये त्वयि भक्तिनम्राः ॥३३॥

देवि प्रसीद परिपालय नोऽरिभीते-
र्नित्यं यथासुरवधादधुनैव सद्यः।
पापानि सर्वजगतां प्रशमं नयाशु
उत्पातपाकजनितांश्च महोपसर्गान् ॥३४॥

प्रणतानां प्रसीद त्वं देवि विश्वार्तिहारिणि।
त्रैलोक्यवासिनामीड्ये लोकानां वरदा भव ॥३५॥

देव्युवाच ॥३६॥

वरदाहं सुरगणा वरं यन्मनसेच्छथ।
तं वृणुध्वं प्रयच्छामि जगतामुपकारकम् ॥३७॥

देवा ऊचुः ॥३८॥

सर्वाबाधाप्रशमनं त्रैलोक्यस्याखिलेश्वरि।
एवमेव त्वया कार्यमस्मद्वैरिविनाशनम् ॥३९॥

देव्युवाच ॥४०॥

वैवस्वतेऽन्तरे प्राप्ते अष्टाविंशतिमे युगे।
शुम्भो निशुम्भश्चैवान्यावुत्पत्स्येते महासुरौ ॥४१॥

नन्दगोपगृहे जाता यशोदागर्भसम्भवा।
ततस्तौ नाशयिष्यामि विन्ध्याचलनिवासिनी ॥४२॥

पुनरप्यतिरौद्रेण रूपेण पृथिवीतले।
अवतीर्य हनिष्यामि वैप्रचित्तांस्तु दानवान् ॥४३॥

भक्षयन्त्याश्च तानुग्रान् वैप्रचित्तान्महासुरान्।
रक्ता दन्ता भविष्यन्ति दाडिमीकुसुमोपमाः ॥४४॥

ततो मां देवताः स्वर्गे मर्त्यलोके च मानवाः ।
स्तुवन्तो व्याहरिष्यन्ति सततं रक्तदन्तिकाम् ॥४५॥
भूयश्च शतवार्षिक्यामनावृष्ट्यामनम्भसि ।
मुनिभिः संस्तुता भूमौ सम्भविष्याम्ययोनिजा ॥४६॥
ततः शतेन नेत्राणां निरीक्षिष्यामि यन्मुनीन् ।
कीर्तयिष्यन्ति मनुजाः शताक्षीमिति मां ततः ॥४७॥
ततोऽहमखिलं लोकमात्मदेहसमुद्भवैः ।
भरिष्यामि सुराः शाकैरावृष्टेः प्राणधारकैः ॥४८॥
शाकम्भरीति विख्यातिं तदा यास्याम्यहं भुवि ।
तत्रैव च वधिष्यामि दुर्गमाख्यं महासुरम् ॥४९॥
दुर्गा देवीति विख्यातं तन्मे नाम भविष्यति ।
पुनश्चाहं यदा भीमं रूपं कृत्वा हिमाचले ॥५०॥
रक्षांसि भक्षयिष्यामि मुनीनां त्राणकारणात् ।
तदा मां मुनयः सर्वे स्तोष्यन्त्यानम्रमूर्तयः ॥५१॥
भीमा देवीति विख्यातं तन्मे नाम भविष्यति ।
यदारुणाख्यस्त्रैलोक्ये महाबाधां करिष्यति ॥५२॥
तदाहं भ्रामरं रूपं कृत्वाऽसंख्येयषट्पदम् ।
त्रैलोक्यस्य हितार्थाय वधिष्यामि महासुरम् ॥५३॥
भ्रामरीति च मां लोकास्तदा स्तोष्यन्ति सर्वतः ।
इत्थं यदा यदा बाधा दानवोत्था भविष्यति ॥५४॥
तदा तदाऽवतीर्याहं करिष्याम्यरिसंक्षयम् ॥ॐ॥५५॥

इति श्रीमार्कण्डेयपुराणे सावर्णिके मन्वन्तरे देवीमाहात्म्ये
देव्याः स्तुतिर्नामैकादशोऽध्यायः ॥११॥

THE ELEVENTH CHAPTER

The Sequel

Feeling joy at heart that the Asura had been destroyed at last, the Devas, since their wish fulfilled, came to Katyayani Devi and praised Her with these words: "O Devi! O Destroyer of woes! Be pleased. O Mother of all the worlds! O Supreme Controller of the Universe! Protect us all, and protect this world! Thou art the Support of this Universe. Thou, the One, is appearing as this world! Thou art water. Thou art the elements. Thou art Vishnumaya. Thou art the Cause for bondage and liberation. All Knowledge is Thy form. All women are Thyself, O Mother! All this is filled by Thee alone. Thou art Intelligence in all men. O Narayani! Thou art the giver of Svarga and Moksha. Thou art Time, Space and Causation. O Blessed Refuge of the distressed, O Narayani! Salutations to Thee! O Destroyer of all troubles of the devoted who take refuge in Thee, O Narayani, Salutations to Thee!

"O Brahmani with Kamandalu, sitting on the swan! O Mahesvari with trident, moon and serpents, sitting on a bull! O Kaumari with Mahasakti, sitting on the peacock! O Vaishnavi with Sankha, Chakra, Gada, Sarnga, and various great Astras! Be pleased, O Narayani! Salutations to Thee! O Indrani, sitting on the elephant, with Vajra in the hand! O Narayani! Salutation to Thee! O Devi of the dreadful form of Narasimha and of Varaha with a ferocious tusk, O Narayani, salutation to Thee! O Devi who took various forms like Kaali and Sivadooti, O Terrible-faced! O Narayani, salutations to Thee! O Lakshmi! O Kaali! O Sarasvati! Protect us, O Durga! O Narayani, salutations to Thee! May Thy Trisula, Chakra, Ghanta, Conch,

Sword, which destroyed Chanda, Munda, Sumbha, Nisumbha and other Rakshasas, protect us, O Narayani, Salutations to Thee!

"O Devi! Thou destroyest all the bad diseases completely. Thou givest when pleased all that one desires. To them who take refuge in Thee, there is no want. They really get a suitable Refuge in Thee. O Devi, wherever there are evil qualities, wherever there are Rakshasas, wherever there are unrighteous forces, there Thou manifestest Thyself and destroyest them. O Devi! Be pleased, be pleased. Protect, O protect us! May the sins of the world lessen quickly. O adorable Devi! Take pity on these (Devas) who are under Thy Great Feet."

The Devi said, "I am the giver of boons, O Devas. Ask from Me any boon. I shall give that to you." The Devas said, "O Devi! You have done everything. May our enemies be destroyed."

Devi said, "In the Vaivasvata Manvantara in the twenty-eighth Dvapara Yuga, I shall be born in the house of Nandagopa in Yasoda's womb and destroy Sumbha and Nisumbha once more who will be born again as my enemies in the Vindhya Mountains. I will have my abode in the Vindhya Mountains and destroy them there. I will take a dreadful form and kill all the wicked-minded Rakshasas. I will eat them up and drink their blood. Thereby My teeth will become red and I will be called by gods and men as `Raktadantika' (Red-toothed)."

"Again I will be invoked by Rishis when there will be a great famine everywhere and the earth will be without rain, for hundred years. I will then be born in order to relieve their distress. I will look at them with hundred eyes and they will name me as `Satakshee' (hundred-eyed)."

"I will then fill the bellies of the whole world with corns and food. Then I will be called 'Sakambharee' (filler with corns)."

"There only I shall destroy a Rakshasa called Durgama. Then I will be called 'Durgadevi'."

"Once again when I shall assume a terrible form in the Himalayas and devour Rakshasas for the purpose of protecting the Rishis, I shall be called as 'Bheemadevi' (the terrible)."

"When a Rakshasa called Aruna will begin to torment the people of the world, I shall take the form of a fearful Bee and destroy him. Then I will be worshipped in the world as 'Bhramaree' (the Bee)."

"In this manner whenever there is trouble anywhere, whenever there is cropping up of demons, then and there I shall manifest Myself and bring peace to the earth."

द्वादशोऽध्यायः

ध्यानम्

ॐ विद्युद्दामसमप्रभां मृगपतिस्कन्धस्थितां भीषणां
कन्याभिः करवालखेटविलसद्धस्ताभिरासेविताम् ।
हस्तैश्चक्रगदासिखेटविशिखांश्चापं गुणं तर्जनीं
बिभ्राणामनलात्मिकां शशिधरां दुर्गां त्रिनेत्रां भजे ।।

'ॐ' देव्युवाच ।।१ ।।

एभिः स्तवैश्च मां नित्यं स्तोष्यते यः समाहितः ।
तस्याहं सकलां बाधां नाशयिष्याम्यसंशयम् ।।२ ।।

मधुकैटभनाशं च महिषासुरघातनम् ।
कीर्तयिष्यन्ति ये तद्वद् वधं शुम्भनिशुम्भयोः ।।३ ।।

अष्टम्यां च चतुर्दश्यां नवम्यां चैकचेतसः ।
श्रोष्यन्ति चैव ये भक्त्या मम माहात्म्यमुत्तमम् ।।४ ।।

न तेषां दुष्कृतं किञ्चिद् दुष्कृतोत्था न चापदः ।
भविष्यति न दारिद्र्यं न चैवेष्टवियोजनम् ।।५ ।।

शत्रुतो न भयं तस्य दस्युतो वा न राजतः ।
न शस्त्रानलतोयौघात्कदाचित्सम्भविष्यति ।।६ ।।

तस्मान्ममैतन्माहात्म्यं पठितव्यं समाहितैः ।
श्रोतव्यं च सदा भक्त्या परं स्वस्त्ययनं हि तत् ।।७ ।।

उपसर्गानशेषांस्तु महामारीसमुद्भवान् ।
तथा त्रिविधमुत्पातं माहात्म्यं शमयेन्मम ॥८॥

यत्रैतत्पठ्यते सम्यङ्नित्यमायतने मम ।
सदा न तद्विमोक्ष्यामि सांनिध्यं तत्र मे स्थितम् ॥९॥

बलिप्रदाने पूजायामग्निकार्ये महोत्सवे ।
सर्वं ममैतच्चरितमुच्चार्यं श्राव्यमेव च ॥१०॥

जानताऽजानता वापि बलिपूजां तथा कृताम् ।
प्रतीच्छिष्याम्यहं प्रीत्या वह्निहोमं तथा कृतम् ॥११॥

शरत्काले महापूजा क्रियते या च वार्षिकी ।
तस्यां ममैतन्माहात्म्यं श्रुत्वा भक्तिसमन्वितः ॥१२॥

सर्वाबाधाविनिर्मुक्तो धनधान्यसुतान्वितः ।
मनुष्यो मत्प्रसादेन भविष्यति न संशयः ॥१३॥

श्रुत्वा ममैतन्माहात्म्यं तथा चोत्पत्तयः शुभाः ।
पराक्रमं च युद्धेषु जायते निर्भयः पुमान् ॥१४॥

रिपवः संक्षयं यान्ति कल्याणं चोपपद्यते ।
नन्दते च कुलं पुंसां माहात्म्यं मम शृण्वताम् ॥१५॥

शान्तिकर्मणि सर्वत्र तथा दुःस्वप्नदर्शने ।
ग्रहपीडासु चोग्रासु माहात्म्यं शृणुयान्मम ॥१६॥

उपसर्गाः शमं यान्ति ग्रहपीडाश्च दारुणाः ।
दुःस्वप्नं च नृभिर्दृष्टं सुस्वप्नमुपजायते ॥१७॥

बालग्रहाभिभूतानां बालानां शान्तिकारकम् ।
संघातभेदे च नृणां मैत्रीकरणमुत्तमम् ॥१८॥

दुर्वृत्तानामशेषाणां बलहानिकरं परम् ।
रक्षोभूतपिशाचानां पठनादेव नाशनम् ॥१९॥

सर्वं ममैतन्माहात्म्यं मम सन्निधिकारकम् ।
पशुपुष्पार्घ्यधूपैश्च गन्धदीपैस्तथोत्तमैः ॥२०॥

विप्राणां भोजनैर्होमैः प्रोक्षणीयैरहर्निशम् ।
अन्यैश्च विविधैर्भोगैः प्रदानैर्वत्सरेण या ॥२१॥

प्रीतिर्मे क्रियते सास्मिन् सकृत्सुचरिते श्रुते ।
श्रुतं हरति पापानि तथाऽऽरोग्यं प्रयच्छति ॥२२॥

रक्षां करोति भूतेभ्यो जन्मनां कीर्तनं मम ।
युद्धेषु चरितं यन्मे दुष्टदैत्यनिबर्हणम् ॥२३॥

तस्मिञ्छ्रुते वैरिकृतं भयं पुंसां न जायते ।
युष्माभिः स्तुतयो याश्च याश्च ब्रह्मर्षिभिः कृताः ॥२४॥

ब्रह्मणा च कृतास्तास्तु प्रयच्छन्ति शुभां मतिम् ।
अरण्ये प्रान्तरे वापि दावाग्निपरिवारितः ॥२५॥

दस्युभिर्वा वृतः शून्ये गृहीतो वापि शत्रुभिः ।
सिंहव्याघ्रानुयातो वा वने वा वनहस्तिभिः ॥२६॥

राज्ञा क्रुद्धेन चाज्ञप्तो वध्यो बन्धगतोऽपि वा ।
आघूर्णितो वा वातेन स्थितः पोते महार्णवे ॥२७॥

पतत्सु चापि शस्त्रेषु संग्रामे भृशदारुणे ।
सर्वाबाधासु घोरासु वेदनाभ्यर्दितोऽपि वा ॥२८॥

स्मरन्ममैतच्चरितं नरो मुच्येत संकटात् ।
मम प्रभावात्सिंहाद्या दस्यवो वैरिणस्तथा ॥२९॥

दूरादेव पलायन्ते स्मरतश्चरितं मम ॥३०॥

ऋषिरुवाच ॥३१॥

इत्युक्त्वा सा भगवती चण्डिका चण्डविक्रमा ॥३२॥

पश्यतामेव देवानां तत्रैवान्तरधीयत।
तेऽपि देवा निरातंका स्वाधिकारान् यथा पुरा ॥३३॥

यज्ञभागभुजः सर्वे चक्रुर्विनिहतारयः।
दैत्याश्च देव्या निहते शुम्भे देवरिपौ युधि ॥३४॥

जगद्विध्वंसिनि तस्मिन् महोग्रेऽतुलविक्रमे।
निशुम्भे च महावीर्ये शेषाः पातालमाययुः ॥३५॥

एवं भगवती देवी सा नित्यापि पुनः पुनः।
सम्भूय कुरुते भूप जगतः परिपालनम् ॥३६॥

तयैतन्मोह्यते विश्वं सैव विश्वं प्रसूयते।
सा याचिता च विज्ञानं तुष्टा ऋद्धिं प्रयच्छति ॥३७॥

व्याप्तं तयैतत्सकलं ब्रह्माण्डं मनुजेश्वर।
महाकाल्या महाकाले महामारीस्वरूपया ॥३८॥

सैव काले महामारी सैव सृष्टिर्भवत्यजा।
स्थितिं करोति भूतानां सैव काले सनातनी ॥३९॥

भवकाले नृणां सैव लक्ष्मीर्वृद्धिप्रदा गृहे।
सैवाभावे तथाऽलक्ष्मीर्विनाशायोपजायते ॥४०॥

स्तुता सम्पूजिता पुष्पैर्धूपगन्धादिभिस्तथा।
ददाति वित्तं पुत्रांश्च मतिं धर्मे गतिं शुभाम् ॥४१॥

इति श्रीमार्कण्डेयपुराणे सावर्णिके मन्वन्तरे देवीमाहात्म्ये
फलस्तुतिर्नाम द्वादशोऽध्यायः ॥१२॥

THE TWELFTH CHAPTER

The Devi again said, "Whoever sings of My praise with these prayers, I shall look to his welfare and raise him from all miseries. Whoever sings My glories of destroying Madhu and Kaitabha, Sumbha and Nisumbha, whoever hears these stories, full of My divine glory, to them there will not be any trouble. They do not become poverty-stricken. To them there is no fear from enemies, or from the king. To them there is no fear from weapons, fire or rain. Therefore My this great story is to be read and reread by everybody. It is to be heard by everybody. It is a great blessed thing. The multitude of sins will be destroyed by My Mahatmya, all the three Taapas will be pacified by singing My glories thus. Wherever My glory is sung and I am worshipped with devotion, I am there at all times. During the spring season (after rains), My Puja is to be performed with devotion, for it is very dear to Me. During the performance of Puja, My these stories have to be heard with faith and devotion. Then they will become wealthy and peaceful. Kings will gain victory in battles, and will destroy their enemies. There will be blessedness and Peace everywhere. That family ever singing My glories will be always rejoicing with peace and plenty. All diseases and worries will be destroyed by Me who am ever ready to protect My devotees. There will not be any bad dream to those, My devotees, and there will not be trouble from giants and goblins. By mere study of stories dealing with My glory, the thing called suffering will come to an end. My this glory is everything. After performing formal Puja to Me, with flowers, sandal, etc., Brahmins have to be fed sumptuously. Homa should be performed with My Mantra and glories and wealth should be given in charity. There should be great rejoicing and joy during the performance of My Puja and feeding of the Brahmins. I am thus pleased with My devotee very quickly."

"My Power destroys all ill-health and bestows good health. It protects one and restores peace. The singing of My birth and actions as previously sung by Brahma and Rishis, and as sung by you all, will bestow health, peace and bliss to the faithful and the devoted. By mere remembrance of Me, one crosses over all troubles and sorrows. Due to My power, all enemies and cruel animals run away far from My devotee."

The sage said: Thus saying, Devi vanished from sight instantaneously. The Devas ruled the heavens, got the sacrificial offerings and were happy for ever. All the Asuras, seeing their power curbed down forcibly ran in fear to the nether regions and lived there a miserable life of restlessness and grief. O king! Thus Devi comes to manifest Herself now and then for establishing righteousness in the land and protecting Her devotees. She deludes the whole world and controls the whole world as the Mother. O king, all this world is pervaded by that great Devi. That great Power creates this whole universe and She Herself becomes the cause of sorrow and happiness of the world.

त्रयोदशोऽध्यायः

ध्यानम्

ॐ बालार्कमण्डलाभासां चतुर्बाहुं त्रिलोचनाम् ।
पाशांकुशवराभीतीर्धारयन्तीं शिवां भजे ।।

'ॐ' ऋषिरुवाच ।।१ ।।

एतत्ते कथितं भूप देवीमाहात्म्यमुत्तमम् ।
एवंप्रभावा सा देवी ययेदं धार्यते जगत् ।।२ ।।

विद्या तथैव क्रियते भगवद्विष्णुमायया।
तया त्वमेष वैश्यश्च तथैवान्ये विवेकिनः ।।३ ।।

मोह्यन्ते मोहिताश्चैव मोहमेष्यन्ति चापरे।
तामुपैहि महाराज शरणं परमेश्वरीम् ।।४ ।।

आराधिता सैव नृणां भोगस्वर्गापवर्गदा ।।५ ।।

मार्कण्डेय उवाच ।।६ ।।

इति तस्य वचः श्रुत्वा सुरथः स नराधिपः ।।७ ।।

प्रणिपत्य महाभागं तमृषिं शंसितव्रतम् ।
निर्विण्णोऽतिममत्वेन राज्यापहरणेन च ।।८ ।।

जगाम सद्यस्तपसे स च वैश्यो महामुने।
संदर्शनार्थमम्बाया नदीपुलिनसंस्थितः ।।९ ।।

स च वैश्यस्तपस्तेपे देवीसूक्तं परं जपन् ।
तौ तस्मिन् पुलिने देव्याः कृत्वा मूर्तिं महीमयीम् ॥१०॥

अर्हणां चक्रतुस्तस्याः पुष्पधूपाग्नितर्पणैः ।
निराहारौ यताहारौ तन्मनस्कौ समाहितौ ॥११॥

ददतुस्तौ बलिं चैव निजगात्रासृगुक्षितम् ।
एवं समाराधयतोस्त्रिभिर्वर्षैर्यतात्मनोः ॥१२॥

परितुष्टा जगद्धात्री प्रत्यक्षं प्राह चण्डिका ॥१३॥

देव्युवाच ॥१४॥

यत्प्रार्थ्यते त्वया भूप त्वया च कुलनन्दन ।
मत्तस्तत्प्राप्यतां सर्वं परितुष्टा ददामि तत् ॥१५॥

मार्कण्डेय उवाच ॥१६॥

ततो वव्रे नृपो राज्यमविभ्रंश्यन्यजन्मनि ।
अत्रैव च निजं राज्यं हतशत्रुबलं बलात् ॥१७॥

सोऽपि वैश्यस्ततो ज्ञानं वव्रे निर्विण्णमानसः ।
ममेत्यहमिति प्राज्ञः सङ्गविच्युतिकारकम् ॥१८॥

देव्युवाच ॥१९॥

स्वल्पैरहोभिर्नृपते स्वं राज्यं प्राप्स्यते भवान् ॥२०॥
हत्वा रिपूनस्खलितं तव तत्र भविष्यति ॥२१॥

मृतश्च भूयः सम्प्राप्य जन्म देवाद्विवस्वतः ॥२२॥

सावर्णिको नाम मनुर्भवान् भुवि भविष्यति ॥२३॥

वैश्यवर्य त्वया यश्च वरोऽस्मत्तोऽभिवाञ्छितः ॥२४॥

तं प्रयच्छामि संसिद्ध्यै तव ज्ञानं भविष्यति ॥२५॥

मार्कण्डेय उवाच ॥२६॥

इति दत्त्वा तयोर्देवी यथाभिलषितं वरम् ॥२७॥

बभूवान्तर्हिता सद्यो भक्त्या ताभ्यामभिष्टुता ।
एवं देव्या वरं लब्ध्वा सुरथः क्षत्रियर्षभः ॥२८॥

सूर्याज्जन्म समासाद्य सावर्णिर्भविता मनुः ॥२९॥

एवं देव्या वरं लब्ध्वा सुरथः क्षत्रियर्षभः
सूर्याज्जन्म समासाद्य सावर्णिर्भविता मनुः ॥क्लीं ॐ॥

इति श्रीमार्कण्डेयपुराणे सावर्णिके मन्वन्तरे देवीमाहात्म्ये
सुरथवैश्ययोर्वरप्रदानं नाम त्रयोदशोऽध्यायः ॥१३॥

THE THIRTEENTH CHAPTER

The sage said: Thus I have recounted to you the entire story of the glories of Devi and Her actions. She is Vidya or the Intelligence-Principle of Vishnu-Sakti or Maya and She is the Avidya or the Ignorant principle too, and is above both. By Her only yourself and this Vaisya are deluded and many others also are deluded by Her in the same manner. O king! Take refuge in that Devi Maya! She is the giver of pleasure, Svarga and Moksha to Her devotees at the same time.

Markandeya said: Hearing these words of the Rishi, the King Suratha was very much moved at heart and immediately started to dense forests to perform rigorous penance. The Vaisya also followed him and began to perform Tapas on the bank of the river reciting Devi Suktam continuously. They wanted to have the vision of Devi in order to get back their lost kingdom and wealth. They prepared an image of Devi out of the mud from the river bank for the purpose of their worship with Shodasa-Upachara or the sixteen modes of worship to Devi. They both fasted and concentrated their minds on the glorious form of Devi. On their practising like this rigorous penance for three complete years, Devi was very much pleased and manifesting Herself to them spoke to them with these words. The Devi said, "O king! Whatever you want you can tell Me now. I am pleased with you. I am prepared to give you anything."

Markandeya said: The king asked from Her the boon that he should get back his lost kingdom undaunted by any enemy. But the Vaisya asked from Devi Wisdom and nothing else.

The Devi said, "O king! In a few days you will regain your kingdom. You will conquer your enemies and rule over the land happily. After death you will be born through Surya (Sun) as the eighth Manu called Savarni. O Vaisya! As you desired I shall give you Wisdom. You will have Wisdom."

Markandeya said: In this manner, giving the required boons to those two people, Devi vanished from sight immediately. Thus obtaining a boon from Devi, Suratha, the king, will be born through the Sun-God as the coming eighth Manu called Savarni.

Thus is the glorious story of Durga-Devi, the Mahamaya, the great Mother of the Universe!

क्षमा-प्रार्थना

अपराधसहस्राणि क्रियन्तेऽहर्निशं मया।
दासोऽयमिति मां मत्वा क्षमस्व परमेश्वरि ॥१॥

आवाहनं न जानामि न जानामि विसर्जनम् ।
पूजां चैव न जानामि क्षम्यतां परमेश्वरि ॥२॥

मन्त्रहीनं क्रियाहीनं भक्तिहीनं सुरेश्वरि।
यत्पूजितं मया देवि परिपूर्णं तदस्तु मे ॥३॥

अपराधशतं कृत्वा जगदम्बेति चोच्चरेत् ।
यां गतिं समवाप्नोति न तां ब्रह्मादयः सुराः ॥४॥

सापराधोऽस्मि शरणं प्राप्तस्त्वां जगदम्बिके।
इदानीमनुकम्प्योऽहं यथेच्छसि तथा कुरु ॥५॥

अज्ञानाद्विस्मृतेर्भ्रान्त्या यन्न्यूनमधिकं कृतम् ।
तत्सर्वं क्षम्यतां देवि प्रसीद परमेश्वरि ॥६॥

कामेश्वरि जगन्मातः सच्चिदानन्दविग्रहे।
गृहाणार्चामिमां प्रीत्या प्रसीद परमेश्वरि ॥७॥

गुह्यातिगुह्यगोप्त्री त्वं गृहाणास्मत्कृतं जपम्।
सिद्धिर्भवतु मे देवि त्वत्प्रसादात्सुरेश्वरि ॥८॥

॥ श्रीदुर्गार्पणमस्तु ॥

KSHAMA PRARTHANA

Closing prayer to Devi for pardon of mistakes committed knowingly and unknowingly in the reading of Durga Saptasati.

ॐ

श्री देव्यष्टोत्तरशतनामावलिः

१. ॐ आदिशक्तये नमः
२. ॐ महादेव्यै नमः
३. ॐ अम्बिकायै नमः
४. ॐ परमेश्वर्यै नमः
५. ॐ ईश्वर्यै नमः
६. ॐ अनीश्वर्यै नमः
७. ॐ योगिन्यै नमः
८. ॐ सर्वभूतेश्वर्यै नमः
९. ॐ जयायै नमः
१०. ॐ विजयायै नमः
११. ॐ जयन्त्यै नमः
१२. ॐ शाम्भव्यै नमः
१३. ॐ शान्त्यै नमः
१४. ॐ ब्राह्म्यै नमः
१५. ॐ ब्रह्माण्डधारिण्यै नमः
१६. ॐ महारूपायै नमः
१७. ॐ महामायायै नमः
१८. ॐ माहेश्वर्यै नमः
१९. ॐ लोकरक्षिण्यै नमः
२०. ॐ दुर्गायै नमः
२१. ॐ दुर्गपारायै नमः
२२. ॐ भक्तचिन्तामण्यै नमः
२३. ॐ मृत्यै नमः
२४. ॐ सिद्ध्यै नमः
२५. ॐ मूर्त्यै नमः
२६. ॐ सर्वसिद्धिप्रदायै नमः
२७. ॐ मन्त्रमूर्त्यै नमः
२८. ॐ महाकाल्यै नमः
२९. ॐ सर्वमूर्तिस्वरूपिण्यै नमः
३०. ॐ वेदमूर्त्यै नमः
३१. ॐ वेदभूत्यै नमः
३२. ॐ वेदान्तायै नमः
३३. ॐ व्यवहारिण्यै नमः
३४. ॐ अनघायै नमः
३५. ॐ भगवत्यै नमः
३६. ॐ रौद्रायै नमः

३७. ॐ रुद्रस्वरूपिण्यै नमः
३८. ॐ नारायण्यै नमः
३९. ॐ नारसिंह्यै नमः
४०. ॐ नागयज्ञोपवीतिन्यै नमः
४१. ॐ शंखचक्रगदाधारिण्यै नमः
४२. ॐ जटामुकुटशोभिन्यै नमः
४३. ॐ अप्रमाणायै नमः
४४. ॐ प्रमाणायै नमः
४५. ॐ आदिमध्यावसानायै नमः
४६. ॐ पुण्यदायै नमः
४७. ॐ पुण्योपचारिण्यै नमः
४८. ॐ पुण्यकीर्त्यै नमः
४९. ॐ स्तुतायै नमः
५०. ॐ विशालाक्ष्यै नमः
५१. ॐ गम्भीरायै नमः
५२. ॐ रूपान्वितायै नमः
५३. ॐ कालरात्र्यै नमः
५४. ॐ अनल्पसिद्ध्यै नमः
५५. ॐ कमलायै नमः
५६. ॐ पद्मवासिन्यै नमः
५७. ॐ महासरस्वत्यै नमः
५८. ॐ मनःसिद्धायै नमः
५९. ॐ मनोयोगिन्यै नमः
६०. ॐ मातङ्गिन्यै नमः
६१. ॐ चण्डमुण्डचारिण्यै नमः
६२. ॐ दैत्यदानवनाशिन्यै नमः
६३. ॐ मेषज्योतिषायै नमः
६४. ॐ परंज्योतिषायै नमः
६५. ॐ आत्मज्योतिषायै नमः
६६. ॐ सर्वज्योतिस्वरूपिण्यै नमः
६७. ॐ सहस्रमूर्त्यै नमः
६८. ॐ शर्वाण्यै नमः
६९. ॐ सूर्यमूर्तिस्वरूपिण्यै नमः
७०. ॐ आयुर्लक्ष्म्यै नमः
७१. ॐ विद्यालक्ष्म्यै नमः
७२. ॐ सर्वलक्ष्मीप्रदायै नमः
७३. ॐ विचक्षणायै नमः
७४. ॐ क्षीरार्णववासिन्यै नमः
७५. ॐ वागीश्वर्यै नमः
७६. ॐ वाक्सिद्ध्यै नमः
७७. ॐ अज्ञानज्ञानगोचरायै नमः
७८. ॐ बलायै नमः
७९. ॐ परमकल्याण्यै नमः
८०. ॐ भानुमण्डलवासिन्यै नमः
८१. ॐ अव्यक्तायै नमः
८२. ॐ व्यक्तरूपायै नमः

८३. ॐ अव्यक्तरूपायै नमः
८४. ॐ अनन्तायै नमः
८५. ॐ चन्द्रायै नमः
८६. ॐ चन्द्रमण्डलवासिन्यै नमः
८७. ॐ चन्द्रमण्डलमण्डितायै नमः
८८. ॐ भैरव्यै नमः
८९. ॐ परमानन्दायै नमः
९०. ॐ शिवायै नमः
९१. ॐ अपराजितायै नमः
९२. ॐ ज्ञानप्राप्त्यै नमः
९३. ॐ ज्ञानवत्यै नमः
९४. ॐ ज्ञानमूर्त्यै नमः
९५. ॐ कलावत्यै नमः
९६. ॐ श्मशानवासिन्यै नमः
९७. ॐ मात्रे नमः
९८. ॐ परमकल्पिन्यै नमः
९९. ॐ घोषवत्यै नमः
१००. ॐ दारिद्र्यहारिण्यै नमः
१०१. ॐ शिवतेजोमुख्यै नमः
१०२. ॐ विष्णुवल्लभायै नमः
१०३. ॐ केशविभूषितायै नमः
१०४. ॐ कूर्मायै नमः
१०५. ॐ महिषासुरघातिन्यै नमः
१०६. ॐ सर्वरक्षायै नमः
१०७. ॐ महाकाल्यै नमः
१०८. ॐ महालक्ष्म्यै नमः

इति श्रीदेव्यष्टोत्तरशतनामावलिः ।

ॐ

श्रीलक्ष्म्यष्टोत्तरशतनामावलिः

१. ॐ प्रकृत्यै नमः
२. ॐ विकृत्यै नमः
३. ॐ विद्यायै नमः
४. ॐ सर्वभूतहितप्रदायै नमः
५. ॐ श्रद्धायै नमः
६. ॐ विभूत्यै नमः
७. ॐ सुरभ्यै नमः
८. ॐ परमात्मिकायै नमः
९. ॐ वाचे नमः
१०. ॐ पद्मालयायै नमः
११. ॐ पद्मायै नमः
१२. ॐ शुचये नमः
१३. ॐ स्वाहायै नमः
१४. ॐ स्वधायै नमः
१५. ॐ सुधायै नमः
१६. ॐ धन्यायै नमः
१७. ॐ हिरण्मय्यै नमः
१८. ॐ लक्ष्म्यै नमः
१९. ॐ नित्यपुष्टायै नमः
२०. ॐ विभावर्यै नमः
२१. ॐ अदित्यै नमः
२२. ॐ दित्यै नमः
२३. ॐ दीप्तायै नमः
२४. ॐ वसुधायै नमः
२५. ॐ वसुधारिण्यै नमः
२६. ॐ कमलायै नमः
२७. ॐ कान्तायै नमः
२८. ॐ कामाक्ष्यै नमः
२९. ॐ क्रोधसंभवायै नमः
३०. ॐ अनुग्रहप्रदायै नमः
३१. ॐ बुद्धये नमः
३२. ॐ अनघायै नमः
३३. ॐ हरिवल्लभायै नमः
३४. ॐ अशोकायै नमः
३५. ॐ अमृतायै नमः
३६. ॐ दीप्तायै नमः

३७. ॐ लोकशोकविनाशिन्यै नमः
३८. ॐ धर्मनिलयायै नमः
३९. ॐ करुणायै नमः
४०. ॐ लोकमात्रे नमः
४१. ॐ पद्मप्रियायै नमः
४२. ॐ पद्महस्तायै नमः
४३. ॐ पद्माक्ष्यै नमः
४४. ॐ पद्मसुन्दर्यै नमः
४५. ॐ पद्मोद्भवायै नमः
४६. ॐ पद्ममुख्यै नमः
४७. ॐ पद्मनाभप्रियायै नमः
४८. ॐ रमायै नमः
४९. ॐ पद्ममालाधरायै नमः
५०. ॐ देव्यै नमः
५१. ॐ पद्मिन्यै नमः
५२. ॐ पद्मगन्धिन्यै नमः
५३. ॐ पुण्यगन्धायै नमः
५४. ॐ सुप्रसन्नायै नमः
५५. ॐ प्रसादाभिमुख्यै नमः
५६. ॐ प्रभायै नमः
५७. ॐ चन्द्रवदनायै नमः
५८. ॐ चन्द्रायै नमः
५९. ॐ चन्द्रसहोदर्यै नमः
६०. ॐ चतुर्भुजायै नमः
६१. ॐ चन्द्ररूपायै नमः
६२. ॐ इन्दिरायै नमः
६३. ॐ इन्दुशीतलायै नमः
६४. ॐ आह्लादजनन्यै नमः
६५. ॐ पुष्ट्यै नमः
६६. ॐ शिवायै नमः
६७. ॐ शिवकर्यै नमः
६८. ॐ सत्यै नमः
६९. ॐ विमलायै नमः
७०. ॐ विश्वजनन्यै नमः
७१. ॐ पुष्ट्यै नमः
७२. ॐ दारिद्र्यनाशिन्यै नमः
७३. ॐ प्रीतिपुष्करिण्यै नमः
७४. ॐ शान्तायै नमः
७५. ॐ शुक्लमाल्याम्बरायै नमः
७६. ॐ श्रियै नमः
७७. ॐ भास्कर्यै नमः
७८. ॐ बिल्वनिलयायै नमः
७९. ॐ वरारोहायै नमः
८०. ॐ यशस्विन्यै नमः
८१. ॐ वसुन्धरायै नमः
८२. ॐ उदाराङ्गायै नमः

८३. ॐ हरिण्यै नमः
८४. ॐ हेममालिन्यै नमः
८५. ॐ धनधान्यकर्यै नमः
८६. ॐ सिद्ध्यै नमः
८७. ॐ स्त्रैणसौम्यायै नमः
८८. ॐ शुभप्रदायै नमः
८९. ॐ नृपवेश्मगतानन्दायै नमः
९०. ॐ वरलक्ष्म्यै नमः
९१. ॐ वसुप्रदायै नमः
९२. ॐ शुभायै नमः
९३. ॐ हिरण्यप्राकारायै नमः
९४. ॐ समुद्रतनयायै नमः
९५. ॐ जयायै नमः
९६. ॐ मङ्गलायै देव्यै नमः
९७. ॐ विष्णुवक्षस्थलस्थितायै नमः
९८. ॐ विष्णुपत्न्यै नमः
९९. ॐ प्रसन्नाक्ष्यै नमः
१००. ॐ नारायणसमाश्रितायै नमः
१०१. ॐ दारिद्र्यध्वंसिन्यै नमः
१०२. ॐ देव्यै नमः
१०३. ॐ सर्वोपद्रववारिण्यै नमः
१०४. ॐ नवदुर्गायै नमः
१०५. ॐ महाकाल्यै नमः
१०६. ॐ ब्रह्मविष्णुशिवात्मिकायै नमः
१०७. ॐ त्रिकालज्ञानसंपन्नायै नमः
१०८. ॐ भुवनेश्वर्यै नमः

इति श्रीलक्ष्म्यष्टोत्तरशतनामावलिः ।

ॐ

श्रीसरस्वत्यष्टोत्तरशतनामावलिः

१. ॐ श्रीसरस्वत्यै नमः
२. ॐ महामायायै नमः
३. ॐ वरप्रदायै नमः
४. ॐ श्रीप्रदायै नमः
५. ॐ पद्मनिलयायै नमः
६. ॐ पद्माक्ष्यै नमः
७. ॐ पद्मवक्त्रायै नमः
८. ॐ शिवानुजायै नमः
९. ॐ पुस्तकहस्तायै नमः
१०. ॐ ज्ञानमुद्रायै नमः
११. ॐ रमायै नमः
१२. ॐ कामरूपिण्यै नमः
१३. ॐ महाविद्यायै नमः
१४. ॐ महापातकनाशिन्यै नमः
१५. ॐ महाश्रयायै नमः
१६. ॐ मालिन्यै नमः
१७. ॐ महाभोगायै नमः
१८. ॐ महाभुजायै नमः
१९. ॐ महाभायै नमः
२०. ॐ महोत्साहायै नमः
२१. ॐ दिव्याङ्गचै नमः
२२. ॐ सुरवन्दितायै नमः
२३. ॐ महाकाल्यै नमः
२४. ॐ महापाशायै नमः
२५. ॐ महाकारायै नमः
२६. ॐ महांकुशायै नमः
२७. ॐ पीतायै नमः
२८. ॐ विमलायै नमः
२९. ॐ विश्वायै नमः
३०. ॐ विद्युन्मालायै नमः
३१. ॐ वैष्णव्यै नमः
३२. ॐ चन्द्रिकायै नमः
३३. ॐ चन्द्रलेखाविभूषितायै नमः
३४. ॐ सावित्र्यै नमः
३५. ॐ सुरसायै नमः
३६. ॐ देव्यै नमः

३७. ॐ दिव्यालंकारभूषितायै नमः
३८. ॐ वाग्देव्यै नमः
३९. ॐ वसुदायै नमः
४०. ॐ तीव्रायै नमः
४१. ॐ महाभद्रायै नमः
४२. ॐ महाबलायै नमः
४३. ॐ भोगदायै नमः
४४. ॐ भारत्यै नमः
४५. ॐ भामायै नमः
४६. ॐ गोविन्दायै नमः
४७. ॐ गोमत्यै नमः
४८. ॐ जटिलायै नमः
४९. ॐ विन्ध्यावासायै नमः
५०. ॐ चण्डिकायै नमः
५१. ॐ ब्राह्म्यै नमः
५२. ॐ ब्रह्मज्ञानैकसाधनायै नमः
५३. ॐ सौदामिन्यै नमः
५४. ॐ सूधामूर्त्यै नमः
५५. ॐ सुभद्रायै नमः
५६. ॐ सुरपूजितायै नमः
५७. ॐ सुवासिन्यै नमः
५८. ॐ सुनासायै नमः
५९. ॐ विनिद्रायै नमः
६०. ॐ पद्मलोचनायै नमः
६१. ॐ विद्यारूपायै नमः
६२. ॐ विशालाक्ष्यै नमः
६३. ॐ ब्रह्मजायायै नमः
६४. ॐ महाबलायै नमः
६५. ॐ त्रयीमूर्तये नमः
६६. ॐ त्रिकालज्ञायै नमः
६७. ॐ त्रिगुणायै नमः
६८. ॐ शास्त्ररूपिण्यै नमः
६९. ॐ शुम्भासुरप्रमथिन्यै नमः
७०. ॐ शुभदायै नमः
७१. ॐ सर्वात्मिकायै नमः
७२. ॐ रक्तबीजनिहन्त्र्यै नमः
७३. ॐ चामुण्डायै नमः
७४. ॐ अम्बिकायै नमः
७५. ॐ मुण्डकायप्रहरणायै नमः
७६. ॐ धूम्रलोचनमर्दनायै नमः
७७. ॐ सर्वदेवस्तुतायै नमः
७८. ॐ सौम्यायै नमः
७९. ॐ सुरासुरनमस्कृतायै नमः
८०. ॐ कालरात्र्यै नमः
८१. ॐ कलाधरायै नमः
८२. ॐ वाग्देव्यै नमः

८३. ॐ वरारोहायै नमः
८४. ॐ वाराह्यै नमः
८५. ॐ वारिजासनायै नमः
८६. ॐ चित्राम्बरायै नमः
८७. ॐ चित्रगन्धायै नमः
८८. ॐ चित्रमाल्यविभूषितायै नमः
८९. ॐ कान्तायै नमः
९०. ॐ कामप्रदायै नमः
९१. ॐ वन्द्यायै नमः
९२. ॐ रूपसौभाग्यदायिन्यै नमः
९३. ॐ श्वेताननायै नमः
९४. ॐ सुभुजायै नमः
९५. ॐ श्वेतस्तनसुपूजितायै नमः
९६. ॐ रक्तमध्यायै नमः
९७. ॐ नीलजङ्घायै नमः
९८. ॐ निरञ्जनायै नमः
९९. ॐ चतुराननसाम्राज्यायै नमः
१००. ॐ चतुर्वर्गफलप्रदायै नमः
१०१. ॐ हंसासनायै नमः
१०२. ॐ ब्रह्मविष्णुशिवात्मिकायै नमः
१०३. ॐ विन्ध्याचलविराजितायै नमः
१०४. ॐ परायै नमः
१०५. ॐ स्वरात्मिकायै नमः
१०६. ॐ चन्द्रवदनायै नमः
१०७. ॐ शिवायै नमः
१०८. ॐ सरस्वत्यै नमः

इति श्रीसरस्वत्यष्टोत्तरशतनामावलिः ।

NAVARATRI MESSAGES
Of
SRI SWAMI SIVANANDA

DUSSERA MESSAGE—(1942)

Salutations to Sri Durga, Mother Divine who exists in all beings in the form of intelligence, mercy and beauty; who is the consort of Lord Siva; who creates, sustains and destroys the universe.

Dussera is the greatest Hindu festival for adoring God as Mother Durga representing the Divine Mother. She is the energy aspect of the Lord. Without Durga, Siva has no expression and without Siva, Durga has no existence. Siva is the soul of Durga. Durga is identical with Siva. Lord Siva is only the silent witness. He is motionless, absolutely changeless. He is not affected by the Cosmic play. Durga does everything.

Mother worship is the worship of God as the Divine Mother, Sri Maata. Sakti is the power of the Lord or the Cosmic energy. The Divine Mother in Her aspect of Durga is represented as having ten different weapons in Her ten hands. She is sitting on a lion. She keeps up the Lila of the Lord through the three Gunas—Sattva, Rajas and Tamas. Vidya, Santi, lust, anger, greed, egoism, pride are all Her forms.

The Upasana or worship of Devi or Universal Mother leads to the attainment of knowledge of the Self. The story of the Kenopanishad known as the Yaksha Prasna supports this view. Uma taught the Truth to the Devas. Goddess Sakti sheds wisdom on Her devotees.

A child is more familiar with the mother than the father,

because she is very kind, loving, tender, affectionate and looks after the wants of the child. In the spiritual field also the aspirant or the devotee—the spiritual child—has intimate relationship with Mother Durga than with Father Siva. It behoves, therefore, that the aspirant should approach the Mother first and that She will introduce Her spiritual child to the Father for his illumination or Self-realisation.

Mother's grace is boundless. Her mercy is illimitable. Her knowledge is infinite. Her power is immeasurable. Her glory is ineffable. Her splendour is indescribable. She gives you Bhukti or material prosperity and Mukti also (liberation).

Approach Her with an open heart. Lay bare your heart to Her with frankness and humility. Be as simple as a child. Kill ruthlessly egoism, cunningness, selfishness and crookedness. Make total, unreserved ungrudging surrender to Her. Sing Her praise. Repeat Her Name. Worship Her with faith and unflinching devotion. Do special Puja on Navaratri days. Navaratri or Dussera is the most suitable occasion for doing intense Sadhana. These nine days are very sacred to Devi. Plunge yourself in Her worship. Do Anushtana. Devi fought with Bhandasura and his forces for nine days and nine nights. The war ended on the evening of the tenth day known as Vijaya Dasami or the day of Victory. Akshara Abhyasa for children is done on the Vijaya Dasami day. Aspirants are initiated on this day. The beginning of learning of any science is done on this most auspicious day. It was on this day that Arjuna worshipped the Devi before starting the fight against the Kauravas in the field of Kurukshetra.

May Durga give the milk of Divine wisdom to Her children and lift them to the magnanimous heights of Divine splendour and glory, the imperishable state of Kaivalya and eternal Sunshine!

A MESSAGE TO MOTHERS—(1945)

Beloved Immortal Selves,

Today you have all assembled in shrines and temples devoted to the great Goddess, the Divine Mother, for celebrating the Dussera. This function is celebrated in various parts of India in different styles. But the one basic aim of this celebration is to propitiate Sakti to bestow upon you all wealth, auspiciousness, prosperity, Vidya and all other potent powers. Whatever be the particular or special request that everyone of you may put before the Goddess, whatever boon you may ask of Her, the one thing behind all these motives is propitiation, worship and linking oneself with Her. There is no other aim. This is being effected consciously or unconsciously. Every one is blessed with Her loving mercy and is protected by Her.

This unique aim is yours not only in this particular occasion but every moment of your life. There is incessant struggle within you. The inner self struggles to escape from the clutches of the various senses, being sheathed and suppressed by them. It constantly warns you to identify this self with the major Self. It reminds you that you are on return journey unto the place whence you started. Whether it is your will or not, there is no second course or second destination left or reserved for you. You have to retrace your path. And on no spot can you dwell longer than the wink of an eye. Any amount of retardation on your part will not arrest this onward course. The more the momentum you gain, the sooner you will return to the destination or the goal. Therefore, equip yourself with proper contrivance and speed up. Do not waste a single minute. The leading of your life and the various aspects of it may differ from others, as the boon you ask of the Mother is different from your neighbour's. But the view of both is the same and the views of different lives too. Every one yearns for liberation.

Throw a ball on the floor. It rebounds. It attempts to reach the same point wherefrom it was thrown. But there is a difference in the return of one ball from the other. A ball with a thick cover, air fully inflated rebounds quickly whereas a Japan ball takes a longer time. Why? There is no sufficient stuff in the latter ball. As soon as it reaches the ground, it loses its spherical shape. It gets deformed. The impact is too heavy for it. It has lost everything. It has to attain slowly its momentum.

We are all like Japan balls. We must cover ourselves with Vairagya, inflate with Bhakti and devotion. Kirtans and prayer are double piston air pumps. Meditation is the space of travel. Jnana is the acceleration which takes the ball to its original position. This overcomes Avidya, the down-pulling gravitation. Selfless duty removes all the dust particles adhering to us in the form of egoism and vices. These are the equipments. These can be manufactured by one's own self as the outcome of various experiences in life. But it is better that it is acquired from parents. You can save much time.

Parents are the well-wishers of the children. They should not allow their children to cultivate bad habits. They must not sing cinema songs and other meaningless blabberings to lull their babes. Only Kirtans glorifying the various forms of the Lord should be used. Sing "Hari Hari Bol, Bol Hari Bol, Mukunda Madhava Kesava Bol." This tune is very melodious. It is a sweet lullaby. At the same time it leaves deep imprints in the mind of the babe. You do not know what the mind of a child is. You are not capable of understanding its language. A child is full of divine qualities. It is only due to your bad company the child is spoiled. You nurse the child too much. You train the child with toilets and luxuries. You make these articles indispensable for him in later life.

"As is the father, so is the son." What habits you have acquired in the circle of your movement creep into him also. If you play at cards, your son too will do so stealthily if not openly before you. If you smoke, your son is sure to smoke. First correct yourself. The moment you realize that a son will be born to you, eradicate all the evil habits. Grains will grow perfectly only if the weeds are removed. The birth of a child is an A.R.P. siren. It is a danger signal for you to be cautious.

The mud pot is useful only as long as the seed or the bulbous plant grows roots. Afterwards it should not be kept in the pot. If it is kept not only the plant will suffer undergrowth but the pot will be broken. It must be immediately transplanted in a fertile field. The child must be kept in the house only as long as it is not in a position to discriminate between good and bad. The day the child shows a tendency to like or dislike, it must be taken to a tutor and entrusted to him. It is no more a child. Now he is a boy fit to receive instructions. Any parent, who, ignorant of this fact, keeps the boy at home virtually stifles and snuffs out the moral, ethical and cultural life-growth in the boy.

Only such tutors who feel it their responsibility to make an ideal man of the boy entrusted to them are to take up the training. Here comes the duty of the tutor. The tutor is not merely to cram certain portions from the prescribed text-books and lecture them to the boys. He is to teach and not to lecture. He must live what he teaches and transform by shining example. He must carefully watch the individual progress and satisfy himself as to the mental and ethical growth of every boy. More than teaching subjects such as science, history, arithmetic, the tutor must give enough of moral instructions to the boys. Their character must be built in such a way that it can never be shaken by any amount of adverse influence of the society in which the boys may have to move after their pupilship.

The father, the mother and the Guru are solely responsible for the righteous behavior of the boy. Brimming with knowledge all-round the boy comes out as a full blossom. This blossom floats its sweet smell over a vast area. Attracted by the smell, bees crowd to extract and enjoy the honey of wisdom contained in this boy. Now no more a boy but a full-blown Yogi, he mines treasures of secret wisdom not only for the benefit of others but for his own. He is an ideal man. He is the ideal Yogi. He is fit to be called the son of God. He brings name and fame to the parents. A Collector or a Governor is revered or recognized only as long as he holds the post or at the most to the end of his life. But this Jnani, this realised soul is remembered and worshipped not only in this cycle of evolution but eternally.

O Mothers! Pray for such a child. Even if you give birth to hundred children without good qualities you won't be happy—and children too. Gandhari had hundred sons. Kunti gave birth to three. Kausalya Devi to one and only one. Whom do you like to be? Gandhari or Kausalya?

Pray unto the Goddess to bestow upon you one such son to keep up your progeny. Sakti is all. She can do anything. She can make or mar. She can mend or end. You can worship Her in any form. The very creation of this universe is solely due to Her. We are all spring-dolls in Her hand. Kriya, Iccha, Jnana are the three forms of Power by which this world is ruled. Worship of Sakti gives not only prosperity but liberation from all bondages. Devi declares: "I am of the nature of Brahman, I am of the nature of Prakriti, Purusha. I am Knowledge and ignorance. I am the Self-power. I am the eternal Truth. I am the non-dual power of Brahman."

May you all celebrate this Dussera with full faith and sincere devotion. May the choicest blessings of Goddess Sakti be upon you all!

NAVARATRI DURGA PUJA, ITS SIGNIFICANCE—(1946)

Religious observances, traditional worship and Vratas at times have more than one significance. Apart from being the adoration of the Divine, they are commemorative of stirring bygone events, allegoric when interpreted from the Occult standpoint, and lastly deeply significant pointers and revealing guides to the Jiva on his path to Realisation.

Outwardly, the nine days' worship of Devi or the Mother is in the nature of a Vijaya-Utsava. These nine days' triumph are offered to the Mother for Her successful struggle with the formidable demons led by Sumbha and Nisumbha. But to the spiritual aspirant in his life of Sadhana, the particular division of the Navaratri into sets of three days to adore different aspects of the Supreme Goddess has got a very sublime yet thoroughly practical truth to reveal. In its cosmic aspect it epitomises the stages of the evolution of Man into God, from Jivahood to Sivahood. In its individual import it shows the course that his spiritual Sadhana should take.

Now, the central purpose of existence is to recognise your eternal identity with the Supreme Spirit. It is to grow into the image of the Divine. The Supreme One embodies the highest perfection. It is spotless purity, Niranjana. To recognise your identity with That, to attain union with That, is verily to grow into the very likeness of the Divine. The Sadhaka has, therefore, as the initial step, to get rid first of all the countless impurities, and the undivine elements that have come to cling to him in his embodied state. Then he has to acquire lofty virtues, auspicious Divine qualities. Thus purified and rendered full of Sattva, Knowledge flashes upon him like the brilliant rays of the Sun upon the crystal waters of a perfectly calm lake.

This process of Sadhana implies resolute will, determined

effort and arduous struggle. In other words, strength, infinite Sakti, is the prime necessity. It is the Divine Mother, Supreme Sakti of Brahman, that has to operate through the aspirant. Then consider how on the first three days Mother is adored as Power, Force—Durga the Terrible. You pray to Mother Durga to destroy all your impurities, your vices, your defects. She is to fight with and annihilate the baser animal qualities in the Sadhaka, the lower Asura in his nature. Also, She is the Power that protects your Sadhana from its many dangers and pitfalls. Thus the first three days, marking the first stage of destruction of Mala (impurities) and determined effort and struggle to rout out the evil Vasanas in your mind, are set apart for the worship of the Destructive aspect of the Mother.

Once you have accomplished your task on the negative side, that of breaking down the impure Vasanas, propensities and old habits, the next step is to build up a sublime spiritual personality, to acquire positive qualities in place of the eliminated Asuric qualities. The Divine qualities, Daivi Sampat that Lord Krishna enumerates in the Gita, have to be acquired. The Sadhaka must cultivate and develop all the auspicious qualities. He has to pile up immense spiritual wealth to enable him to pay the price for the rare gem of divine wisdom (Jnanaratna). If this development of the opposite qualities (Pratipaksha bhavana) is not undertaken in right earnest, the old Asuric nature will raise its head again and again. Hence, this stage is as important in an aspirant's career as the previous one. The essential difference is—the former is a ruthless, determined annihilation of the filthy, egoistic lower self; the latter is an orderly, steady, calm and serene effort to develop purity. This pleasanter side of the aspirant's Sadhana is depicted by the worship of Mother Lakshmi. She bestows on Her devotees the inexhaustible wealth of Daivi Sampat. Lakshmi is the Sampat-Dayini aspect of Brahman. She is Purity Itself. Thus worship of Goddess Lakshmi is performed during the second set of three days.

Once the aspirant succeeds in routing out the evil propensities and in developing Sattvic, pure qualities, he becomes an Adhikari. He is ready now to receive the Light of Supreme Wisdom. He is fit to obtain Divine Knowledge. At this stage comes the devout worship of Sri Sarasvati, Who is Divine Knowledge personified, the Embodiment of Brahmajnana. The sound of Her celestial Veena awakens the notes of the sublime Mahavakyas and the Pranava. She bestows the Knowledge of the Supreme Naada and then gives full Atmajnana as represented by Her pure dazzling snow-white apparel. To propitiate Sri Sarasvati, the Giver of Jnana, is therefore the third stage.

The tenth day—Vijaya Dasami—marks the triumphant ovation of the Jiva at having attained Jivanmukti through the descent of knowledge by the grace of Goddess Sarasvati. The Jiva rests in His own Supreme Self of Sat-Chit-Ananda (Existence-Knowledge-Bliss Absolute). This day celebrates the victory, the achievement of the Goal. The Banner of Victory flies aloft. Lo! I am He! I am He!!

Chidananda Rupah Sivoham, Sivoham; Chidananda Rupah Sivoham, Sivoham.

This arrangement has also a special significance in the aspirant's spiritual evolution. It marks the stages of evolution which are indispensable for every Sadhaka, through which every one should pass. One naturally leads to the other and to short-circuit this would inevitably result in a miserable failure. Nowadays many ignorant Sadhakas aim straight at the acquisition of Knowledge without the preliminaries of purification and acquisition of Daivi Sampath and complain that they are not progressing in the Path. How can they? Knowledge will not descend till the impurities are washed out, and purity is developed. Nor can the Sattvic plant grow on impure soil.

Follow this arrangement; your efforts will be attended with sure success. This is your path. नान्यः पन्था विद्यतेऽयनाय no other path is known for salvation. Destroy one evil quality, develop the opposite virtue. By this process you would soon bring yourself up to that perfection which would culminate in that identity with Brahman which is your Goal. Then all Knowledge will be yours; you will be Omniscient, Omnipotent, you will feel your Omnipresence. You will see yourself in all. You will be a Jivanmukta. You would have achieved eternal victory over the wheel of birth and death, over the Demon Samsara. No more of pain, no more of misery, no more of birth, no more of death. Victory, victory be yours!

Glory unto the Divine Mother! Let Her take you step by step, to the top of the spiritual ladder and unite you with the Lord!!

THE TRUE SIGNIFICANCE OF DEVI PUJA—(1947)

India now celebrates after the achievement of Her long-cherished goal of Independence, the nine-day worship of the Divine Mother—the Durga Puja. It is important for all to know and rightly understand the real spirit and significance of this worship so that tangible spiritual and material benefit of a lasting character may be derived by everyone to a maximum extent.

Rightly understood, the method of this worship shows you the true way to lead the divine life. It teaches you to live in such a way as to make your life a real and practical worship and adoration of the Divine Mother. It reveals the secret of rising from darkness, untruth and mortality unto the grand realm of light, truth and everlasting life.

The three aspects of the Devi Puja are Goodness, Prosperity and Knowledge. Goodness reveals the truth; Prosperity ushers in happiness; and Knowledge precedes the dawn of intuition and leads you to the goal of Satchidananda. To strive to bring about these three above-mentioned factors into the life of mankind constitutes the real invocation and adoration of the Divine Mother who is manifest in every form of humanity.

Ritualistic or ceremonial worship is no doubt good, but it is the living worship that truly transforms and spiritualises you more quickly and leads you on to the highest realisation. To consecrate the Divine Mother in the holy altar of your heart, to manifest Her Divine Power within and to live to serve and do good to all is the best and the dynamic way to adore and worship the Divine Mother, Durga.

To invoke the Goddess Lakshmi, you have to try ceaselessly to bring prosperity into the lives of all. Its significance is to be large-hearted and generous, charitable and kind. The Sadhaka will have to strive hard to remove the pain and sorrow and bring happiness to all as per his capacity. Those who are monetarily gifted, to them I would ask to open free dispensaries for the poor patients, feeding centres for the destitutes, to educate the illiterate and to aid and encourage through every means to increase the wealth of the country; for where prosperity and happiness prevail, there alone Goddess Lakshmi is more easily propitiated.

Now, to manifest the Goddess Sarasvati you have to educate yourself first. You have to become a flood of light, and thereby you should radiate the Divine Knowledge to everyone. Such sincere aspirants can go to the slums and backward, illiterate localities and give free lessons on secular and spiritual matters as well. As such you can offer the grandest and worthiest form of worship to Devi Sarasvati.

The message of Navaratri is a call to purity, plenty and

wisdom. Where wisdom and virtue combine and become livingly manifest, there we have the Divine Life. Therefore, you should strive your best to grow in spirituality and aspire fervently to usher in an era of living purity, of dynamic virtue and of practical wisdom.

All hail to such living worship! and all hail to such cosmic worshippers!! May the blessings of the Divine Mother usher in peace, plenty and prosperity to everyone's life!

DURGA PUJA—(1948)

Glory to the Benign Mother by whose Grace all that is here, exists! My salutations to Her!

As with the individual, so with the cosmos; nothing is possible without the Mother. Man's progress—material and spiritual—is bound up inextricably with his mother—human and Divine. The human part of man is moulded almost entirely by his human mother; his character, mental make-up, intellectual faculties—his very being is shaped by mother; that is why Sruti enjoins man to treat his mother as God. This is even more so in the spiritual field. Without the help of Divine Mother no spiritual progress is possible for man. When Indra stands bewildered at the sudden disappearance of the Omnipotent Yaksha, who put to shame the junior deities of Agni and Vayu, Uma comes to his rescue and enlightens him as to the true identity of the Yaksha—the Brahman (Kenopanishad).

The Devi assumes many aspects, according to the tasks to be performed by Her, sometimes sweet and tender, and at others terrible and devouring. But, She is always kind and gracious to Her devotees. Read the Devi Mahatmya. Devi is the deluding power, which binds man to the relentlessly moving wheel of Samsara; She deludes even the wisest of men. Yet She is the one who bestows Moksha on the devotee, who pleases Her. If you pray to Her earnestly like Raja Suratha and Vaisya Samadhi, She will soon appear before you and grant you all boons, including Moksha. There is no doubt about this.

During the Navaratri or the Nine Nights, the whole of India adores the Mother and worships Her with great devotion. On the first three nights, Durga or the Destructive Aspect of the Mother is worshipped. On the succeeding three nights, it is the Creative Aspect or Lakshmi that is adored. And, on the last three nights, the knowledge aspect, or Sarasvati is invoked. The tenth is the Vijaya Dasami Day or the Day of Victory. There is a special significance in this arrangement. When the Devi is worshipped by a devotee, She first destroys the evil propensities that lurk in his mind; then She implants therein, the Daivi Sampat or the divine qualities conducive to spiritual unfoldment; then She bestows true knowledge on him; lastly the aspirant attains liberation or victory over Samsara.

Navaratri is the most suitable occasion in the year to perform intense Sadhana. These nine days are most sacred. Just imagine the tremendous wave of spiritual vibration, which should sweep the land when millions of people, all over the world repeat the names of the Mother and sing Her glories! All the Devas are ever present in their subtle forms, where the names of Mother are uttered. They would bless you and help you on. You will receive valuable assistance from unknown sources, from the Rishis and Siddhas, if you do intense Sadhana during these nine days.

Pray to Her fervently. She will be easily pleased. Do not ask Her (like the Raja in the Devi Mahatmya) for petty worldly things; pray for Moksha or final liberation (like the Vaisya). She is ever ready to rush to you. Only you have to accept Her! Clear your mind of all dross and install the Mother in it on a golden Throne. Give up your little ego at Her Feet. Pray, "Thy will be done Mother! I want nothing!" She will take you by the hand and lead you to Moksha!

DEVI WORSHIP—(1949)

Sarvamangala Maangalye Sive Sarvaarthasaadhike,

Sharanye Trayambake Gouri Narayani Namo'stu Te.

O Narayani, Devi, the three-eyed, the Refuge, the Auspiciousness, the bestower of all wishes, the blessedness that is in all that is blessed. Prostrations be to Thee!

Devi is synonymous with Sakti or the Divine power that manifests, sustains and transforms the universe as the one unifying Force of Existence. In fact worship of Devi is not sectarian. It does not belong to any cult, as it is commonly mistaken to be. Devi is not what is set in opposition to Vishnu or Siva, as the common populace understands. By Devi or Sakti we mean the presupposition of all forms of existential powers, the omnipotence and powers! These powers are the glorious attributes of God—you may call Him Vishnu or Siva as you like. In other words, Sakti is the very possibility of the Absolute's appearing as many, of God's causing this universe. God creates this world through Srishti-Sakti (creative power), preserves through Sthiti-Sakti (preservative power) and destroys through Samhara-Sakti (destructive power). Sakti and Sakta are one, the power and the one who possesses the power cannot be separated; God and Sakti are like fire and heat of fire.

Devi worship or Sakti worship is, therefore, worship of God's glory, of God's greatness and supremacy. It is the adoration of the Almighty. It is unfortunate that Devi is understood as a mere blood-thirsty 'Hindu Goddess'. No! Devi is not the property of the Hindus alone. Devi does not belong to any religion.... not only so much. Devi is not differentiated from the Deva by sexual factors. Devi is the conscious power of the Deva. Let this not be forgotten. The words Devi, Sakti etc., and the ideas of the different forms connected with these names are concessions, given to the limitations of human knowledge; they are not ultimate definitions of Sakti! The original Sakti is beyond human comprehension. Bhagavan Krishna says in the Gita, "This is only My lower Nature (Sakti)—beyond is My higher Nature (the Original Sakti), the life-principle which sustains this universe." The Upanishad says, "The Para Sakti—supreme power of this God—is heard of in varieties of ways, this power is the nature of God, manifesting as knowledge, strength and activity." Truly speaking, all beings of the universe are Sakti worshippers, for there is none who does not love and long for power in some form or other. Physicists and scientists have proved now that everything is pure imperishable energy. This energy is only a form of Divine Sakti which exists in every form of existence.

Since Sakti cannot be worshipped in its essential nature, it is worshipped as conceived of in its manifestation, viz., creation, preservation and destruction. Sakti in relation to these three functions is Sarasvati, Lakshmi and Kaali. These, as is evident, are not three distinct Devis, but the One formless Devi worshipped in three forms. The Devas corresponding to these are Brahma, Vishnu and Mahesvara, who in the same way are not three Devas, but the forms of the one Supreme Deva who is formless. Navaratri is the festive occasion of the 'nine-nights' worship of Mahakaali, Mahalakshmi and Mahasarasvati, the Divinity of the Universe adored in these ways.

Sarasvati is cosmic intelligence, cosmic consciousness, cosmic knowledge. Worship of Sarasvati is necessary for Buddhi-Suddhi and Viveka-Udaya, Vichara Sakti, for Jnana or Self-realisation. Lakshmi does not mean mere material wealth like gold, cattle, etc. All kinds of prosperity, glory, magnificence, joy, exaltation or greatness come under Lakshmi.

Appaya Dikshitar calls even final Liberation as "Moksha-Samrajya-Lakshmi". Hence worship of Lakshmi means the worship of the central purpose of existence itself. Mahakaali is the transformative power of Divinity, the power that dissolves multiplicity in unity. The worship of Devi is, therefore, the explanation of the entire process of spiritual Sadhana in all its aspects.

During Navaratri, observe strict Anushtana, purify your inner nature. This is the most auspicious time in the year for Mother-worship. Read Saptasati or Devi Mahatmya, Lalita-sahasranama. Do Japa of the Mantra of Devi. Perform formal worship with purity and sincerity and devotion. Cry for Darsana of Devi. The Divine Mother will bless you with the knowledge, the peace and the joy that know no end!

May the divine Devi, the Mother, bless you all!

Om Santi, Santi, Santi!

SIGNIFICANCE OF DEVI WORSHIP—(1950)

Immortal Self!

Peace be to you all! Prostrations to the Mother of the universe! The Navaratri celebrations and the worship of Devi have purified the whole atmosphere. Let me relate to you the importance and the significance of the worship of Devi. Devi, in Her aspects of the creative, the preservative and the destructive powers of the universe, is the Chidrupini Sakti, the eternal energy of God who is Satchidananda. Devi worship or Durga Puja is the adoration of the Divine Mother of all things, who bears the seed of the Universe in Her imperishable womb, the Mahad-Brahma. Devi is the consciousness-power or the Chaitanya Sakti, the glory of the supreme Sovereign of the universe made manifest to the manifested Jivas in the world of creation. As the creator, the preserver and the destroyer of the universe are but one God appearing in three forms, so the power which is inseparable from God appears in its threefold aspect. Even as a person here is known from his characters and powers, God is revealed in his Sakti which is the sum-total of all knowledge, will and action, visible and felt as well as invisible and beyond comprehension. The whole universe is the manifestation of the richness and the glory of its immortal creator who hails beyond the dust of the earth and the luminaries of heaven. He, the Divine Master, works everywhere with his twofold Sakti, Vidya and Avidya.

THE INNER WAR

In the nine days' Lila of the Supreme Goddess is illustrated the process of the overcoming of the dark and blind powers of the lower nature by the splendid and intelligent powers of the higher nature. This great war marks the life of both the objective and the subjective sides of the created universe. Vidya-Sakti always gains an upper hand and everywhere there is a transcendence of the limitations and imperfections characteristic of Jivahood and Asurahood by the divine Jnanasakti which pierces through every quarter and cranny in its works of vanquishing unconsciousness or ignorance together with its train of effects, desire and selfish action. In the Devi Mahatmya or the Saptasati, Devi is described as the mass of the effulgent energy of the gods, headed by Brahma, Vishnu and Siva. This Sakti is released when the Devas begin to complain to these higher powers. The sense energies presided over by intelligences, which are symbolized by the Devas together with their ruler Indra, the mind; when they are oppressed by the demoniacal forces of passion, anger, greed, malice, etc., of a destructive nature, begin to feel acutely their humiliation in the forms of the pains of life and resort to the highest nature for help. At once, the Divine principle within, reveals itself in its tremendous dignity of the power of consciousness and in its unifying absoluteness of truth and puts an end to the tempestuous life of animalism and all that is undivine or that which belongs to the realm of Avidya. Vijayadasami is the crowning day of the success of Vidyasakti over the negative nature of nescience.

DEVI IS INSEPARABLE FROM DEVA

Seekers of perfection in Truth! Even as you reach a destination only along a path leading to it and intimately related to it, the realisation of God is possible only through the several degrees of empirical reality which act as steps in the ladder of spiritual experience. The universe of the several planes of consciousness with their different values and grades of truth is the Sakti of God. In the Isavasya Upanishad you read that the worship of Asambhuti and Sambhuti leads to the gradual attainment of ultimate perfection. God cannot be conceived of as divorced from his Supreme power which appears as and governs this universe, even as you cannot have fire and heat distinguished. You know a substance through its quality. You realize God through his Sakti, who is Devi, Maha-Maya, Prakriti, the Progenitress of all.

THE METHOD OF WORSHIP

You can worship Devi either through Vaidika or Tantrika methods. She is worshipped even without rituals, through Para Puja or pure meditation alone. Indeed, this is the highest kind of worship, where the Divine Mother is considered as his or her own, by the spiritual child. The grace of the Devi is the experience of the participation of the Higher Nature by the devotee on account of his conformity to the laws of manifestation in its orders of divine Saktis or the forms of the one Divine Sakti. No order of reality can be stepped into unless one fulfils the demands of the one lower to it. The Devi Upasaka, thus knowing that Devi is Parabrahma Sakti itself, not creating a barrier between God and His Sakti, even as one does not consider the sun and his luminosity as separate, reaches the state of Brahman, through the grace of Devi. It means the Sadhana Marga which an aspirant follows where he has to proceed from the earthly consciousness to the higher states step by step through the transcendence of the manifested orders of phenomenal experience, without unwisely thinking that he can jump over the extremely, elevated terrace independent of climbing along steps below.

SACRIFICE OF LOWER NATURE

In this way, Durga Puja has a great spiritual meaning. Therefore, worship the Mother of the Universe, the Sakti or Brahman, in Her Supreme Form or in Her manifested form according to your capacity. I need not stress over the obvious fact that you should strictly practice Ahimsa, Satyam and Brahmacharya, if you are to realise Devi, the glorious Divine Power of the Supreme Reality; I stress upon the moral side and the ethical side of Sadhana, because no valuable achievement is possible without it. Without it, high-flying idealisms will bring nothing; they will be a waste like oblations thrown on ashes. Worship of God or Goddess, if it is to result in spiritual illumination, the observance of Yama and Niyama is absolutely necessary. These form the twofold equipment to overcome brute nature and hoist the banner of spiritual victory. Offer to goddess Durga the animal, the Pasu, of your inner evil trait of passion, of anger, of greed. Do not kill animals of the external world in the name of Bali-dana to the Goddess. She wants your animal-man within. No Himsa should be committed on the excuse that it is for the Devi. You have no right or justification to hurt any living creature for whatever reason. Ahimsa should be free from all exemptions whether pertaining to class, place, time or circumstance. Ahimsa is universal vow to be practised absolutely. No worship, no prayer, no act whatsoever in life can justify injury or harm done to living beings. Even self-protection cannot justify murder. You have to stick to the rule of universal love to the best of your ability, to the utmost extent possible. The offering of the self, the surrender of the ego to the Divinity, is the supreme sacrifice. Nothing is superior to it. Nothing can be equal to it. This is the most exalted form of Divine worship. Worship the Almighty with Atma-bhava, with Sarvatmabhava. This is the greatest and most glorious thing that can ever be done by any one at any time. May you all imbibe the knowledge of real worship of the Divine Being. May the Devi Durga shower Her blessings upon you all! OM.

WORSHIP OF DIVINE POWER—(1951)

The worship of the protective power is a need felt by all created beings. This worship may take the form of an intelligent participation with the universal, sustaining power or it may, in ordinary common beings, exist as merely the instinct of subjection to higher powers whose help they seek by their very nature. Man, however, endowed as he is with the brilliant faculty of discrimination, understanding and conscious volition, knows that his well-being rests upon his being in harmony with the governing power of the universe. Man requires protection both physically and psychically. The unique Indian mind has conceived of the Reality behind the universe as a supremely intelligent Being working with its force or power or Sakti which is inherent in this universal Intelligence. This Supreme power appears as Avataras, which descend to the visible world, or invisible benefactory forces of which man cannot be easily conscious. Whatever be the form taken by this power, its worship is found to be indispensable for the good of man; as such worship is an attempt to come in contact with that power. Upon those who cannot worship it always, the ancient scriptures have enjoined occasional worship.

The end of winter and the beginning of summer as well as the end of summer and the beginning of winter are two very important junctions of climatic conditions and solar influence in the year. These two occasions are taken as the sacred opportunities of the worship of the Divine Being. These are indicated respectively by the Ramanavaratri in the Chaitra Masa and the Durganavaratri in the Asvayuja Masa. The bodies and the minds of people undergo a considerable change on account of these changes in the outer nature. Sri Rama is worshipped on Ramanavami on the first occasion and Devi Durga on the second. While Sri Rama is the Avatara of God through his Sakti (Prakriti, Atma Maya or Yoga Maya), Durga is the Sakti manifested as the creative, preservative and protective principle in the created world. This great principle is adored as the Divine Mother, as Mahakaali, Mahalakshmi and Mahasarasvati, representing the aspects of Tamas, Rajas and Sattva. As a rope is made of three strands, the universe consists of these three Gunas or modes of Prakriti. Devi Puja is the worship of the ultimate cause of all things and hence it conduces to the good of all, which are its effects.

It is the bounden duty of man to propitiate the Divine Mother, for She rules supreme over the health and the wealth of the universe. Even the intelligence of man is governed by Her. Man is really Saktimaya (filled with Sakti). He cannot exist independent of Sakti. The whole universe is energy, and energy is Sakti. God in His revealed form is Sakti or power. In His unmanifested aspect He is Chit or Consciousness. Chit Sakti is the Consciousness Force that is working everywhere as the material cause of everything. On the worship of this Mother of all things is dependent the prosperity of the individual, the society, the nation and the whole world. Human power is not great; it is from the inexhaustible source of divinity, it becomes the cause of blessedness, it tends to spiritual construction and blessedness not vile destruction and misery. The great need of the hour is harmony and proper knowledge of the Divine force of the universe, the lack of which is the harbinger of evil and suffering. Loving communion with the whole means the happiness of that which is one with the whole.

O Seeker! You are not a self-sufficient, independent entity. Your greatness is a reflected part of the universal magnificence of the Maha Sakti or the Aisvarya of the Lord. Abandon your vanity and pride. Surrender yourself to the Divine Mother. Pray to Her who is Brahma Sakti, Vishnu Sakti and Siva Sakti. You are a child of the Mother. How can you disregard Her? You are made up of Her Substance. Know that She is all-pervading. There is no place where She is not. Study the Devi Mahatmya and do Japa of Devi Mantra. Meditate on Devi and attune yourself with Her. This is your goal; this is your highest prosperity; this is the zenith of glory; this is Kaivalya Moksha or final emancipation. May you rest in Peace and be blessed. May the grace of the Divine Mother be upon you all!

ENTHRONE LOVE IN YOUR HEART—((1952)

Love is the only transforming power here; and Mother is the inexhaustible fountain-source of Divine love. The mother's love for her young one is proverbial and unparalleled.

That love is the condition pre-requisite for all growth, progress, evolution and transformation. More things are wrought here by love than by fear. Fear (another form of hate) stunts growth and arrests progress; love promotes growth and accelerates progress.

On this holy occasion when we all worship the Divine Mother, reflect over this grand truth. It is love that sustains creation; and that divine love is the true manifestation of the Divine Mother.

Whatever there is to be achieved will be achieved by love alone. Cultivate cosmic love. Let there be nothing but love in your heart. It will remove obstacles and speed up your spiritual progress. It will transform your enemies into friends. It will shower the Lord's richest blessings on you in the form of peace, plenty and prosperity. It will confer upon you the Highest Award—Moksha.

That is the lesson that the Divine Mother teaches you. She is the Mother of all, the pious and the wicked, the rich and the poor, the saint and the sinner—all Her children. Here is a love that sometimes seems to destroy, but truly redeems; Hers is a love that protects, tears the veil of ignorance and liberates us all.

Cultivate that dispassionate love towards all beings; then would you have truly enthroned Mother Para-Sakti in your heart. Then would there be peace, amity, happiness, prosperity and harmony on earth. May the blessings of the Mother be upon you all! May you all shine as Jivanmuktas in this very birth!

STRIVE FOR THE IDEAL—(1954)[2]

The nine-day worship of the Divine Mother has just been celebrated by millions of Hindus. It is but meet that one should refresh one's memory about the significance of this worship of the symbolic Power of the cosmic Consciousness, which we call variously as God, the Providence, the Immortal Spirit, and rededicate oneself for the realization of the goal.

The Divine Mother is symbolised as the transcendental

2 *The Message for 1953—"The Indian Concept of the Divine Mother"—has been published on page 11 of this book.*

dynamism of the Absolute, which governs this universe. The law of gravitation, of cause and effect, of evolution, are all representative of this cosmic dynamism. It is the symbolic Power behind creation, preservation and dissolution; the whole universe is the manifestation of this Power.

In the early dawn of civilisation, the Hindu mind conceived of the symbol of the eternal Consciousness in the idolisation of the Mother Divine, which was a more appealing, comprehensible, filially close and intimate, emotionally satisfactory and domestically affable conception than that of a vague, formless, unqualitative, ungraspable, ethereal ideal that could be one's goal and support of life.

All the world is gigantic imagination of the mind; says the Sruti. Yet, it has vivid, decisive and relatively substantial reality so far as one's physical, emotional, intellectual and subconscious entities are concerned. Likewise, any concept featured out of imagination, enlivened by faith and devotion, and magnetized by concentration and meditation, can certainly have a physically substantial, mentally responsive, materially reciprocative, intellectually conceivable and spiritually transformative reality, which can have a far-reaching effect in the human life in its evolution towards Self-realisation.

The Pauranic anecdote of the Mother Divine represents the triumph of the Divine Power over the myriads of dark forces of negativity—too well-known in all human lives—in the struggle between the dual factors of good and evil, truth and untruth, virtue and vice, freedom and involution, light and darkness. The occasion, therefore, is an annual reminder to the aspirant of the great Cosmic Law that the divine will always prevail ultimately over the undivine.

The Navaratri is an annual awakening call to experience and express afresh the divine nature in man, make manifest the light of truth and love to vanquish and conquer the forces of evil within; for, it is through the positive forces of love and brotherhood and selflessness that negative and undivine elements can be effectively eliminated from the hearts and the minds of people. Darkness can never resist light. Truth, light and goodness are synonymous terms; they are the visible expressions of God.

Truth alone triumphs, however long and agonising its twisting duel with untruth may be. The positive must and does overcome the negative. The call of the Mother is to rouse oneself to this truth and regulate one's life as a dynamic expression of divine positivism. The message of the Mother is: Become a practical embodiment and champion of positive idealism, relative usefulness without attachment to the world, self-perfection, equal vision, balance of mind, motiveless service to humanity, unselfishness and absolute humility.

Let one's life, therefore, be based on a perfect righteousness and purity; let one's idealism and goodness be eminently practical; let one's virtues be vital, effective and life-transforming; let all aspire to be good, do good, and radiate goodness.

The solace and salvation of the world consist in living the life divine. The brotherhood that one professes should be brotherhood in practice. The intellect and the emotion should be simultaneously activated by the self-same ideal.

The evolutional process of nature always works in stages; all creativity or constructiveness is modulated according to the law of evolution. Evolution is the process of the unfoldment of real life and true growth. It results in permanent achievement. Therefore, one has to cultivate all that is good and noble through positive and constructive process of growth.

If one wants happiness and well-being, one has to cast aside all violence and hate, and experience and radiate wave after wave of peace, serenity and compassion. Life without selfishness, lust, anger, greed and vanity is itself divine life. To nurture the plant of love, one has to pull out the weeds of jealousy, hate, suspicion and revenge.

Not to do evil deeds, not to cause the slightest hurt even to the lowliest of the lowly, not to vilify anyone, not to gain at the cost of others, not to be impure and unholy, not to be deceitful and sly, not to choose the pleasant in preference of the good, have been the central teachings of all the saints and prophets all over the world. Cruelty towards any creation is cruelty done to Mother Herself. The essence of religion consists in refraining from harm to anyone.

May all work together to overcome hate by love, evil by goodness, injustice by justice, untruth by truth, selfishness by selflessness. May peace be unto all. May the blessing of the Mother Divine lead all from the unreal to the real, from darkness to light, from mortality to immortality.

WORSHIP OF DIVINE MOTHER—(1955)

Road to Prosperity and Liberation

Salutations to Adi Para Sakti, the Supreme Divine power, Who is the origin of the universe, Who sustains all beings and whose benevolent look of Grace bestows all prosperity and ultimately, Moksha, too, on the Jiva!

Na Ayam Atma Balaheenena Labhyah:—this Atman is not attained by the weakling. Your body must be strong. Your mind must be healthy. Your intellect must be sharp and piercing. Your will must be powerful. Your soul must be resplendent. Your actions must be backed by strength of conviction. Your words must be endowed with the power of truthfulness, righteousness and love. Your thoughts must be powerful and must emanate from a heart filled with selflessness, purity, cosmic love and renunciation. Then will you really have a strong and powerful personality.

The Navaratri worship has been instituted by our ancient sages in order to remind you of this great truth. Mother will bestow Sakti on you, if you approach Her with the simplicity and innocence of a child, if you surrender yourself to Her and pray: "Mother, Thou art all; pious or wicked, I am Thy child. Lift me up, for thou art full of compassion and love."

As Durga, She bestows vigour upon you, upon all aspects of your personality. She removes all your obstacles, destroys the vicious Samskaras that hinder your spiritual progress. As Lakshmi, She fills you with divine virtues and blesses you with material prosperity; too, in order that, freed from mundane anxieties, you might pursue the spiritual ideal. As Sarasvati, She unlocks to you the gates of wisdom, the realm of spiritual knowledge. She opens your inner eye of intuition, and discrimination. You begin to perceive the Reality and you turn away from the unrealities, the deceptive appearances of this world.

For the sake of the continuance of Her Divine Play here, She Herself, as Avidya Maya, has veiled the Truth from you and bound you to this Samsara. When She is propitiated through the practice of sincere devotion and unconditional self-surrender, She, as Vidya-Maya, removes the veil and enables you to perceive the Truth.

Vidyassamasthasthava Devi Bhedah
Sthriyassamasthaa Sakala Jagatsu
Tvayaikayaa Purutamamba Etat
Kaa Te Stuti Stavyapra Paroktih

"Mother! All arts and sciences, all branches of knowledge, are Your modifications; all women in the world are Your manifestations. Thou alone pervadest the entire creation."

Meditate upon this great formula. See the Divine Mother in all women. Worship the Mother in every object in the world. She will make you the Master of all arts and sciences. You will shine as a resplendent Yogi, Jnani and Jivanmukta.

May the choicest blessings of Mother Adi Para-Sakti be upon you all! May you shine as a Sage, Jnani, Bhakta, Yogi and Jivanmukta in this very birth!

THE ASCENT OF MAN—(1956)

सर्वमङ्गलमाङ्गल्ये शिवे सर्वार्थसाधिके ।
शरण्ये त्र्यम्बके गौरि नारायणि नमोऽस्तु ते ।।

"O All-Auspicious One! O Reservoir of bliss, the Bestower of all wishes! O Refuge of all, the Three-eyed Divine Goddess! Prostrations to Thee, O Narayani!"

Children of the Immortal!

May the grace of the Divine Mother be upon you all! May Devi Durga shower Her blessings on the whole world! May peace and plenty reign everywhere supreme!

The world is a stage where is enacted the grand play of the twin principles of consciousness and force. The world is a manifestation of Sakti, the Power of the Eternal, whose being is consciousness. It is Chit-Sakti, Consciousness-Force that displays itself as this majestic reality of the universe. Para-Sakti moves everywhere as Brahma-Sakti, Vishnu-Sakti and Siva-Sakti. Reason and intuition establish the truth of the existence of the Divya-Prakriti that sustains and works this vast panorama of experiential contents. Matter is reducible to energy. The Prasnopanishad says that Rayi and Prana, matter and energy, constitute the whole of creation. Matter is the outward index of the inward Power that is expressed by God. The Power that originates and sustains the universe is not the

Jada-Sakti or the electrical energy which is the ultimate reality of the scientists, but Chaitanya-Sakti, the Power of the immutable Consciousness of Brahman. In fact, it is not a Power which is of Brahman, but a Power which *is* Brahman. Brahman appears as the universe of Lila, the sport transcendent, the self-revelation of the Real to the Real. The Bhagavad Gita speaks of the operation of the twofold Prakriti, the lower and the higher phases of the workings of the Eternal, the lower expressing itself as the phenomena of Nature, and the higher existing as the life-principle of all beings. It is the Supreme Being that is the All.

The universe, then, is the visible representation of the highest Ideal of human realizations. In both its lower and higher aspects, Prakriti presents itself as the moving Body of the Lord. The Srimad-Bhagavata admonishes man to the effect that each and every visible thing of the universe is an object of adoration and worship, for God resides in the temple of all things. The worship of God means at once an adjustment of oneself to the super-individual law of the universe. There cannot be spiritual devotion and worship without an inward adaptation of consciousness to the scheme of the universe which is God envisaged in the framework of space and time. The God outside and above is the same as the God within and below. The Upasana of the highest Deity has to be in terms of the supreme Sakti that is the eternal Mother of all beings.

The nine nights' worship, called the Navaratri-Puja, is man's adoration of the Great Creatrix in Her aspects of Durga, Laxmi and Sarasvati, standing for the Great Reality manifesting itself through the properties of Tamas, Rajas and Sattva, the stuff of which the whole universe consists. Transformation, preservation and manifestation are the cosmic functions of the Glorified Mother who bestows on Her children who look up to Her for help, knowledge, prosperity and final salvation from the thraldom of relativistic life. She is Vidya and Avidya, Maya, Prakriti, Sakti, Devi—all that goes to make up the scene of the life of the cosmos in its gross, subtle and causal realms. The Saptasati or the Devimahatmya refers to Her as Mahavidya, Mahamaya, Mahamedha, Mahasmriti, Mahamoha, Mahadevi and Mahesvari. She is Parabrahma-Mahishi, the Queen of the Sovereign of all existence. Her compassion takes the form of aspiration in the aspirant, Sadhana in the Sadhaka, Siddhi in the Siddha. She is the truth behind all thoughts, willings, feelings, understandings, actions, names and forms.

The sacred Sri Durga-Navaratri celebrations objectively portray the inner spiritual life of the world. Devi, the Divine Mother, is the higher spiritual Power which continuously meets the lower urges in battle and overcomes them completely in the end. In the process of Sadhana, what is conquered and transformed first is Tamas—thus Durga, the Divinity behind Tamas-Sakti, forms the object of the first three days' worship. Next is subdued the force of Rajas, and there is Lakshmi, the Goddess superintending this force as the Deity of the second three days' worship. Lastly is to be transcended the Sattva-Guna, and so the Devata of the last three days' worship is Sarasvati, the Mother in Her Sattva Body. The tenth day is the Vijaya Dasami, marking the celebration of Vijaya or the complete victory over the threefold force of the universe working in its Avidya aspect, won by Vidya Sakti or the higher spiritual Power, and the installation of the self in the immortal Consciousness of the Absolute. Madhu, Kaitabha, Mahishasura, Sumbha, Nishumbha, etc., are really the demoniacal elements that bind and pester the soul ceaselessly, and they are to be destroyed totally with Sadhanasakti, Mantrasakti, Dhyanasakti, Guru-Kripa and Isvara-Anugraha, all which are symbolized and embodied in the threefold form of the Divine Mother whom the devout Hindu worships with great love during the Navaratri Utsava.

Seekers of the highest blessedness! Offer your heartfelt prayers to Para-Sakti, who is your Atma-Sakti, Jnana-Sakti, and who is Moksha-Samrajya-Lakshmi. Every sincere prayer of the soul generates a power that breaks open the fortress of ignorance, and enables the soul to gain access into the mysteries of Reality, into the realm of true life and light. Let the holy Navaratri Puja mark for you the commencement of a reinforced practice of Sadhana for Self-realisation. Increase your inner toughness of spirit by Japa, Sankirtan and Meditation. Observe strict discipline during the nine days and nights, and utilize your time in Prayer, Parayana and Dhyana. The rise of the soul to the Immortal is through the vestures of objective consciousness which it beholds as the internal and external universe. The ascent of man to God is a gradual fulfilment of the laws of the realms of relative experience and a transcending of them in Self-experience. Sakti is the path to Siva. The Divine Mother is the promise and the possibility of the attainment by the human being of the highest ends of existence, the supreme Purusharthas—Dharma, Artha, Kama and Moksha. Look to Her for Grace. Your Abhyudaya and Nihsreyas, prosperity here and beatitude hereafter are assured. May Mother Para-Sakti bless you all!

DEVI KIRTANS

1. Om Sakti Om Sakti Om Sakti Om
Brahma Sakti Vishnu Sakti Siva Sakti Om
Adi Sakti Maha Sakti Para Sakti Om
Iccha Sakti Kriya Sakti Jnana Sakti Om

2. Gauri Gauri Gange Rajesvari
Gauri Gauri Gange Bhuvanesvari
Gauri Gauri Gange Mahesvari
Gauri Gauri Gange Matesvari
Gauri Gauri Gange Maha Kaali
Gauri Gauri Gange Maha Lakshmi
Gauri Gauri Gange Parvati
Gauri Gauri Gange Sarasvati

3. Jaya Radhe Jaya Radhe Radhe
Jaya Radhe Jaya Sri Radhe
Jaya Site Jaya Site Site
Jaya Site Jaya Sri Site

4. Jaya Sarasvati Jaya Sarasvati Jaya Sarasvati Pahi Mam
Jaya Sarasvati Jaya Sarasvati Jaya Sarasvati
Raksha Mam
Jaya Sri Lakshmi Jaya Sri Lakshmi Jaya Sri Lakshmi
Pahi Mam
Jaya Sri Lakshmi Jaya Sri Lakshmi Jaya Sri Lakshmi
Raksha Mam
Jaya Sri Durge Jaya Sri Durge Jaya Sri Durge
Sarana Om
Jaya Sri Durge Jaya Sri Durge Jaya Sri Durge
Namah Om

5. Bhavani Sankari Gauri Sankari
Sivakami Sankari Uma Sankari
Akhilandesvari Matesvari
Mahesvari Tripura Sundari
Akhilandesvari Matesvari
Mahesvari, Paramesvari (Sarvesvari)

6. Ganga Rani Ganga Rani Ganga Rani Pahi Mam
Bhagirathi Bhagirathi Bhagirathi Raksha Mam

7. Deenoddharani Duritaharini Sattva-Rajas-Rama
Triguna-dharini
Sandhya-Savitri-Sarasvati- Gayatri Rukmini Janaki
Pankaja-Lakshmi

8. Adi Divya Jyoti Maha Kaali Ma Namah
Madhu-Sumbha-Mahisha-Mardini Maha Saktaye
Namah
Brahma-Vishnu-Siva-Svaroopa Tvam na Anyatha
Chara-Charasya Palika Namo Namassada.

9. Devi Bhajo Durga, Bhavani
Jagat-Janani Mahishasura-mardini

10. Jagat-Janani Sankata-Harini
Tribhuvana Tarini Mathesvari (Mahesvari)

11. Avidya-Nasini, Bhranti-Nasini, Jagat-Janani
Ananda-Dayini, Vidya-Dayini, Moksha-Dayini
Ananda-Karani, Kalyana-Karani, Moksha-Karani.

ॐ

सर्वेषां स्वस्ति भवतु, सर्वेषां शान्तिर्भवतु ।
सर्वेषां पूर्णं भवतु, सर्वेषां मंगलं भवतु ।।

सर्वे भवन्तु सुखिनः सर्वे सन्तु निरामयाः ।
सर्वे भद्राणि पश्यन्तु मा कश्चिद्दुःखभाग्भवेत् ।।

असतो मा सद्गमय ।
तमसो मा ज्योतिर्गमय ।
मृत्योर्माऽमृतं गमय ।।

ॐ पूर्णमदः पूर्णमिदं पूर्णात्पूर्णमुदच्यते ।
पूर्णस्य पूर्णमादाय पूर्णमेवावशिष्यते ।।

ॐ शान्तिः शान्तिः शान्तिः ।

देवी-आरती

जै अम्बे गौरी ! मैया जै मङ्गलमूरती !
मैया जै आनन्दकरणी !
तुमको निशिदिन ध्यावत हरि ब्रह्मा शिव री !
ॐ जै अम्बे गौरी !

माँगसिन्दूर विराजत टीको मृगमदको,
उज्ज्वल से दोऊ नैना चन्द्रवदन नीको।।
ॐ जै अम्बे गौरी !

कनक समान कलेवर रक्ताम्बर राजे,
रक्तपुष्प वनमाला कण्ठन पर साजे।।
ॐ जै अम्बे गौरी !

केहरिवाहन राजत शंख-खप्पर-धारी,
सुरनर मुनिजन सेवत तिनके दुःखहारी।।
ॐ जै अम्बे गौरी !

कानन कुण्डल शोभित नासाग्रे मोती,
कोटिक चन्द्र दिवाकर राजत सम ज्योती।।
ॐ जै अम्बे गौरी !

शुम्भ निशुम्भ विदारे महिषासुर घाती,
धूम्रविलोचननाशिनि निशिदिन मदमाती।।
ॐ जै अम्बे गौरी !

चौंसठ योगिनि गावत नृत्य करत भैरूँ,
बाजत ताल मृदङ्गा अरु बाजत डमरू।।
ॐ जै अम्बे गौरी !

भुजा चार अति शोभित शंख-खप्पर-धारी,
मनवाञ्छित फल पावत सेवत नर-नारी।।
ॐ जै अम्बे गौरी !

कञ्चन थाल विराजत अगर कपूर बाती,
श्री मालकेतु में राजत कोटि रतन ज्योती।।
ॐ जै अम्बे गौरी !

श्री अम्बे जी की आरती जो कोई नर गावे,
कहत शिवानन्द स्वामी सुख सम्पति पावे।।
ॐ जै अम्बे गौरी !

THE UNIVERSAL PRAYER

O Adorable Lord of Mercy and Love!
Salutations and prostrations unto Thee.
Thou art Omnipresent, Omnipotent and Omniscient.
Thou art Satchidananda
(Existence-Consciousness-Bliss Absolute).
Thou art the Indweller of all beings.

Grant us an understanding heart,
Equal vision, balanced mind,
Faith, devotion and wisdom.
Grant us inner spiritual strength
To resist temptations and to control the mind.
Free us from egoism, lust, greed, hatred, anger
and jealousy.
Fill our hearts with divine virtues.

Let us behold Thee in all these names and forms.
Let us serve Thee in all these names and forms.
Let us ever remember Thee.
Let us ever sing Thy glories.
Let Thy Name be ever on our lips.
Let us abide in Thee for ever and ever.

—***Swami Sivananda***